沃顿商学院图书

与德鲁克比肩的管理大师艾科夫最新力作

Idealized Design

How to dissolve tomorrow's crisis...today

优化设计

如何化解企业明日的危机

罗素·L·艾科夫(Russell L. Ackoff)

贾森·马吉德松(Jason Magidson)　　著

赫伯特·J·艾迪生(Herbert J. Addison)

刘宝成　译

中国人民大学出版社

·北 京·

译者序 Russell Ackoff 艾科夫

在任何一个成功的组织背后，有三个因素必不可少，即理念、过程和行动。纵观国内的许多组织机构，它们不乏宏阔的理念，更不缺勤恳的行动，真正阻碍其成长和发展的瓶颈集中于过程的设计与管理，而这一点正是罗素·艾科夫等在管理学界推出的又一力作《优化设计》的核心所在。

优化设计的指导思想源于它所倡导的开放型思维方式，即在面对问题时，抛开现实的局限去想象一种最理想的境界，然后再返回到当前的现状中来寻找最佳的解决方案。在管理学中有一句俗语，"思路决定出路，心动决定行动"。如此的思维方式有助于摆脱虚设的假象，这并非属于异想天开或者好高骛远的空想，而是强调一切从未来出发，然后再从现实着手。

这种方法尤其适用于组织设计，其思想基础发端于 20 世纪末兴起的以"一切重来"为口号的"公司再造"运动。本书的作者们将这一概念放大到各式各样的机构设计当中，从商业企业到非营利机构，从巴黎这样的国际大都市到新型的联合国。

本书的大部分内容没有局限在优化设计的概念上，而是通过一系列鲜活的案例更深入地探究这一概念在现实条件下的应用。更难能可贵的是，文中的大多数案例属于作者们的切身经历，因而具有极大的说服力，有利于使读者产生强烈的共鸣。

　　除了突破性的思维理念之外，本书还特别突出了程序和规则的重要性。可见，作者们所追求的不是概念上的哗众取宠，而是对现实组织生活的指导意义。

　　本书的初稿翻译得到了尹旭、刘召坤、韦莉莉及刘城等同学的热心参与，在此特别予以感谢。

刘宝成

序 艾科夫
Russell Ackoff

罗素·艾科夫，是我们这个时代当之无愧的管理创新大师，尽管我在职业生涯的晚期才与之结识，但他对我在管理理论和实践的理解上产生了深刻的影响。他对系统思考的应用以及对人类和组织行为敏锐的洞察力丰富了我的思想，令我在如何彻底改进管理流程和提高业务绩效方面有了新的认识。他对管理理念的革新做出了诸多贡献，而其中最重要的莫过于这本书中所提出的优化设计和互动式规划了。

有时，企业采用和风细雨的方式改进已有的模式和做法已经不能保证后续的成功，甚至可能酿成一场危机，在这样的十字路口，优化设计的独特魅力便凸显无遗了。在过去，商业变革的步伐都沿袭了相同的成功模式，那就是一旦某种行之有效的变革模式被众人发现，只要进行循序渐进的改进，就能够确保数年甚至数十年的成功。而今天，在许多行业，破坏性的因素急剧增加，确保商业成功的因素变得愈加扑朔迷离。正如英特尔的前任 CEO 安迪·格鲁夫所言，"只有偏执狂才能生存"。在变化如此剧烈的环境中，商业的方方面面都需要持续的改进和突破，一种新型的计划理念呼之欲出。我认为，应对潜藏危机和剧烈变化最好的方法就是优化设计。另外，即使在相对缓和的情况下，这种方法也能够用于应对更多具体的挑战，比如重新设计薪酬方案，改善规划流程，理顺一个棘手的业务部门等。

我的模拟器件有限公司连续 20 年一直保持着 25% 的年增长率，而且利润可观，但到了 20 世纪 80 年代后期，公司却碰壁了，增长率跌到个位数，利润也直线下降。我们没有一个系统的方法去判断为什么一度成功的模式突然失灵，也不知道如何去应对如此剧烈的变化。作为一个有着十亿美元资产的大公司，我们在摸索走出危机的道路上徒然浪费了许多年的时光，也就是在这个关键的时刻，我认识了罗素·艾科夫，了解了他的系统思考原理。

之前，我一直倾向于 KISS 管理理论，即"避免用复杂的方法来解决简单的问题"。我们曾经的成功模式是：雇用最优秀、最聪明的工程师，集中通过技术革新取得竞争优势；按照技术门类划分公司的业务部门，授予每一个部门高度的自主权，同时要求它们在保持各自底线的前提下运营。所有的部门，除了有一个公共的销售机构，都有各自独立的生产和经营方式，各部门之间为了设计、生产相似的集成电路竞相采取最佳的技术手段，这种方式被视为促进革新的动力。这种模式在客户数量不大、能为最佳的成果支付很高价格的军事、工业、科技市场中收到了良好的成效，但是当我们面向客户数量巨大的消费市场、通信市场和汽车市场时，价格和质量变得更为重要，这种模式也随之失效了。在试图变革的过程中，我们的旧观念成了拦路虎。我们相信，如果公司的每一部分都取得最大的成功，整个公司的收益也将实现最大化；我们相信，在一个技术密集型的企业，除非你拥有生产制造能力，否则就无法对损益负责；我们相信，除非工程师们都围绕在你的办公桌周围办公，否则就无从对他们实施管理。这些信念严重阻碍了思维的灵活性。

我从罗素那里学到的第一课就是，公司的业绩取决于各部门如何共同工作，而非各行其是，因此，如果像我们以前那样追求各部门的业绩最大化，到头来反而不能达到整体业绩最大化的目的。我还认识到，内部协作比内部竞争更有推动力，公司领导的任务是管理各个部门的相互协作，而非他们各自的工作。我了解到，在需要急剧转型的

阶段，按部就班解决问题的管理方式难以收到实效。现在的挑战是如何梳理这团乱麻，即诸多问题集中在一起的系统，以消除危机的隐患。

在理解了系统思考和优化设计的过程之后，我们彻底"粉碎"这个组织（读过第1章，你就会明白我在这里的意思），并将各个部分和业务流程重组。之前取得成功的市场已时过境迁，我们必须在新的市场环境下重新振作起来，争取更为有效的竞争力。

变革的幅度较大，而且影响深远，我们把这个过程称作"创造新的模拟器件有限公司"。我们对公司上下的制造业务和标准化的业务流程实行集中管理，把相互竞争的产品团队整合起来，使之在全球范围内合理分布，并明确各自的战略重点。为了消除过去留下的痕迹，忘却旧有的理念，学习新的技能、态度和行为，我们花费了多年的时间。一步一步地，我们恢复了模拟器件公司以前的增长速度，为未来的成功创造了新的机会，成功地避免了有可能毁灭整个公司的危机。

优化设计中的系统思考这一理念在发掘潜在的协同效应方面发挥着重要的作用，由于我们一度固守陈旧的价值观并在此基础上设置公司的组织模式，致使这些潜在的能力遭到了禁锢。从优化设计中我们学到了最重要的一课，那就是要学会调动产品团队和职能机构的关键人物，使其注意力集中在公司整体的目标和宗旨上，并且要他们解放思想，鼓励他们为了达到共同的目标而上下同心，群策群力，这就需要从新的角度来审视公司的职能定位。当然，实施互动式规划和优化设计并不意味着要摒弃会计、营销、工程等基本职能，也不是要忽略对通过互动式规划形成的各种方案和建议进行风险和回报的评估。优化设计的实质在于将这些职能纳入更远大的组织目标中来，这样的组织目标更具有系统性，更适合组织的能力和现有的机会。这绝非一蹴而就，由于根深蒂固的兴趣、经验、信念、恐惧、偏见，加之对组织如何在个人影响范围以外发挥作用存在模糊的认识和理解，公司内部在产品团队和职能部门如何协作这一问题上无法展开公开而客观的对话，所以统一思想和行动需要磨合、动员和耐心，甚至需要施加一定的压力。另外，像本书中所描述的那样采用互动式规划，在此过程中营造某种真实或者假想的危机意识，将有助于促成思想的统一。

根据我的经验，如果有机会重来一次，我将会更接近实现优化设计的目标。在前进的每一步，我一直把优化设计的框架和原则当做"创造新的模拟器件有限公司"时思维和行为的指南，但是我并没有在公司自上而下的计划过程中公开宣布推行优化设计的原则。其实，如果我那么做了，即使在没有危机一触即发的情况下，公司也会有更多人提高将业务视为一个系统的技能，更加关注于解决谜团而非单个的问题，更勇敢地摆脱原有的思想桎梏，将一个更理想的未来融入想象的空间。大力推行优化设计流程以应对威胁到整个公司的重大挑战是一回事，而在业务计划的各个方面将互动式规划贯彻始终则是另一回事。抛开其他因素，这至少需要提升员工的技能以更有效地实施进行中的优化设计项目，同时也需要对业务计划过程本身重新进行优化设计。

这本书在多处为优化设计的功效提供了大量的证据，并为如何实施该过程提供了指南。书中的案例研究和对这一过程的详尽描述可以使你不用借助于外部的经验便可启动互动式规划过程。这些例证也证明，这种方法在解决一系列问题时具有普遍的适用性。正如第 10 章所讨论的，在解决教育、医疗和贫困等现代社会面临的最为棘手而复杂的谜团方面，优化设计有望产生可行的方法和路径。研读这本书将会使读者受益无穷，因为在掌握了优化设计过程中蕴涵的系统思考和实用方法之后，我们能够更深刻地理解和改善我们赖以生存的这个世界。

雷·斯泰塔（Ray Stata）

美国模拟器件有限公司主席

美国管理质量中心主席

前　言

艾科夫
Russell Ackoff

本书中的优化设计对前两位作者的职业生涯和个人生活有着至关重要的影响，可以说它影响了我们职业生涯中的所有事务。我们中的一位是退休的教授，另一位是葛兰素史克公司的人事部领导。书中描述的每一个案例都是我们亲历亲为的。

优化设计是什么？答案在导论中。我们不仅解释了什么是优化设计，而且描述了这一强大管理工具的来源。

这些案例充其量只是我们采用优化设计过程的一小部分，我们力求选择不同的应用环境以说明该过程的普遍适用性。迄今为止，我们还未曾遇到优化设计不能解决的问题。

从某种程度上说，优化设计不只是一种工作方式，它更是一种生活方式。在我们所接受的任务中，几乎没有一项与优化设计无关。无论遇到什么问题或机会，它都能派上用场。

尽管许多书籍提及优化设计，但是这本书提供的解释和案例最为详尽。不过，鉴于文字永远无法与切身体验相提并论，我们希望这里的经验能启发读者亲自去尝试这个过程。

参与到这个过程之中，首先感受到的是解放，其次是乐趣。你会发现，被岁月磨蚀的童年时代开始复苏了。优化设计属于一种"软理念"，而非"硬技术"，因此可以适用于各种具体的情形。更确切地说，它包含的艺术性至少可以与科学性等量齐观。

本书的作者和"作者的声音"

三位作者都对本书做出了贡献。罗素·艾科夫是开发优化设计的核心人物,他率先洞察到这个过程的巨大潜能,认为它能够彻底改变一个组织的面貌,使之铸就更光明的未来。更加难能可贵的是,他还担任了总设计师的角色,谋划了这一过程在现实工作中的具体应用方法。

贾森·马吉德松是艾科夫多年的学生和同事,在加入一家大型制药公司之前曾参与过多个优化设计项目。在当前的工作岗位上,他继续在多种领域使用这一过程。他为本书贡献了很多优化设计的案例,同时也为管理者如何开始和实施该过程提供了建议。

赫伯特·艾迪生毕生致力于出版事业,在过去的 20 年中,他主要集中精力为管理者、商科的学者和学生出版商业和管理类图书。他的贡献在于以管理者作为目标读者来确定本书的终稿。

当一本书有多位作者时,必然会有我们通常所说的"作者的声音"。这本书并没有特别地反映出三位作者中某一位的声音,更没有罗素·艾科夫的声音。所以可以说,"作者的声音"是三位作者的和声。但是也有一个例外,那就是在第 1 章中,艾科夫率先描述了自己最先体验到优化设计的情形,包括自己所犯的错误和最终得到的意外的结果。如若希望了解艾科夫的体验,本书的其他作者建议你多读几本艾科夫的著作,这些书目列在了本书的末尾。

罗素·艾科夫

贾森·马吉德松

赫伯特·艾迪生

目 录 艾科夫
Russell Ackoff

第 2 部分　优化设计：应用——操作过程

第 4 部分 完整的优化设计方案

导 论

一个理念的诞生

先生们，美国的电话系统昨夜遭到了摧毁。

——贝尔实验室 CEO

优化设计是一种有关变革的思维方式，姑且简而言之，其核心在于：在解决任何问题时，取得最佳结果的方法就是想象出最理想的解决方案是什么，然后再倒推到当前的现状。其目的是确保在找到最理想的解决方案之前，不至于遭遇虚设的障碍。

若要领略这个理念在付诸行动中的魅力，最好的方法就是分享本书的作者之一罗素·艾科夫多年前的亲身经历，那次经历给艾科夫带来了莫大的启迪，使他认识到这个理念能够在大型公司里促成深刻的变革。结合那次经历，这位作者写道：

对每一个人来说，总有一些经历会对后续的许多经历产生影响。对本书有影响的那次经历发生在 1951 年。当时，我是俄亥俄州克利夫兰市凯斯理工学院（Case Institute of Technology，当时并没有与西储大学（Western Reserve

University）合并）的一名教员。在赶赴纽约提供咨询服务的路上，我顺路到了新泽西州的默里山镇去拜访贝尔实验室的彼得·迈尔斯（Peter Meyers），他是贝尔实验室的一名主管，我是在他来凯斯为贝尔实验室招募优秀毕业生时与他相识的。

碰巧，那天他和其他主管刚好接到临时通知，去出席一次由副总裁召集的重要会议。犹豫片刻后，他对我说，"你为什么不跟我一起去呢？"我提醒他，这个会议是部门领导参加的，而我连贝尔实验室的成员都不是，他却说没人会知道。

我们到了一个能容纳40余人的普通教室，里面几乎座无虚席，副总裁却还没有到场，甚至到会议开始时还没有露面，这十分异常。这位副总裁体形壮硕，性格外向而健谈，在接近他人之前，他总会从背后推一把，拍一下，或是张开双臂热情地拥抱。

大约十分钟过后，会议室的门轻轻地打开了，所有的目光顿时集中到门口，果然是他。带着一副忐忑不安的表情，他微弓着后背，慢慢地走过甬道，面色苍白，没有跟任何人打招呼。他迈步走上讲台，站在讲桌后面，把双肘撑在桌面上，双手托着下巴，目光低垂。

教室里鸦雀无声。最后，他抬起头来，用异常卑微的口吻说："先生们，美国的电话系统昨夜遭到了摧毁。"然后他又低下了头。

顿时，教室里一片嘈杂，大家纷纷议论，认为他在开玩笑，这里的很多人当天早上还在用电话。副总裁又抬起了头，说道："你们难道不相信电话系统在昨晚被摧毁了吗？是不是有些人在今天早上使用过电话？"大多数人都点头表示同意。此时副总裁愤怒得发抖了，他吼道："电话系统确实在昨天晚上就瘫痪了，你们最好相信。到中午还不相信的人将会被解雇。"

然后他又低下了头。"副总裁今天是怎么了？"每个人都问旁边的人，但在谈到老板时，最好还是小心为妙，所以大家都停止了议论，等着副总裁再说下去，对他今天乖张的行为做出解释。

副总裁抬起头，凝视着在座的人。刹那间他挺直了腰板，脸色也恢复正常,并且腆着大肚子爆笑起来。所有在座的人都跟着忍俊不禁。尽管他们也不知道为什么会笑,但是这缓和了副总裁奇怪举动导致的紧张局面,大家慢慢觉察到他刚刚其实是开了个玩笑。

笑声停止后,他用平常的口吻说道:"我刚刚说的到底是什么意思呢?最新一期的《科学美国人》(*Scientific American*)中有一篇文章写道,我们这些实验室是世界上最优秀的行业研发实验室。这我同意,但同时也让我陷入了思考。"

他从夹克衫内侧的口袋里掏出一张纸,说道:"我将我们为电信发展所做出的贡献列了一份清单,我相信凭借这些贡献我们对这项美誉当之无愧。在我跟你们分享这份清单之前,我想问一下,你们认为我们在这方面做出的最重要的贡献是什么?"

几乎每个人都举起了手,他叫了其中一个来回答。这个人说:"是拨号电话。""正确,"副总裁说道,"这理所当然是最重要的贡献,但是有没有人知道我们是什么时候推出拨号电话的?"有一个人主动说出了 20 世纪 30 年代的一个日期。副总裁也认可了。然后,他又问道:"那它是什么时候开发的呢?"没有一个人知道答案。

他说他也不知道,但是他来参会之前查证了一下。他说:"是在 1900 年以前。"我们都对此感到特别惊讶。他又继续提问,另外一个人说是"多路技术"。这是一种通过一条电线同时传输多路通话的技术,这一发明大大提高了美国电话电报公司的网络容量。"正确。"副总裁又说道。然后他又一次问到这项技术是什么时候推出的。有人说那是在两次世界大战期间,副总裁肯定了他的答案,然后又问道:"那它是何时发明的呢?"还是没有人知道,他又一次补充说:是在 1900 年以前。

他又问了一个问题。回答问题的人说:"把美国和英国联系起来的同轴电缆。"副总裁表示同意,同时又问大家它是在什么时候铺设的。有人说是在 1882 年。

"你们是否有所震动,"他说,"我们的实验室为电信事业做出的三个最重要的贡献竟然都是在你们出生以前，那么你们又做了些什么呢？"他问道，"我告诉你们，你们只是改善了系统的某些部分，但是并没有改进系统的整体。这些欠缺不是你们造成的，而是我造成的。我们制定的研发策略是错误的，因为我们集中关注于对系统各个部分的改善，而不是整个系统，所以我们提高了部分的能力，而不是整体。我们应该重新开始，先集中精力设计整个系统，然后再对各部分做出设计，切忌把顺序颠倒过来，所以先生们，现在就按照我们的理想来着手设计一个全新的系统以取代现有的系统，这里的限制只有两项，而且不是很严格。"

"首先，"他继续说道，"我来解释一下为什么我们现在就要集中精力重新设计，而不是等到五年或十年以后。为什么呢？因为我们知道希望五年以后要成为的样子与到那时希望成为的样子是不同的。在这段时间里，一定会发生一些事情影响我们的目标。如果把精力集中于当前树立的理想目标上，我们就能消除导致错误的隐患。"

"其次，为什么要打破各种条条框框呢？因为如果我们在有能力做到任何想做的事情时却不知道该做什么，那么在清楚自己不能做到所有的事情时我们如何才能知道要做些什么呢？如果我们知道在没有限制时哪些事情能做，就可以加以修改，如果可以的话，可以根据时间调整它的内外条件。"

"那么，两项限制是这样的。第一，技术可行性。这就意味着我们只能依靠现有的知识，而不能依靠任何科学幻想。我们不能用金属的感应器来代替电话。""第二项限制，"他说，"是我们设计的系统必须是可实际操作的。这是什么意思呢？因为我们不能改变环境，这意味着这个系统必须能在现有的环境中操作和生存。举个例子来说，它必须遵守现有的法律法规。"

副总裁又接着说："这个团队太大了，无法像一个单独的团队那样进行操作，因此，我将会把你们分成每组由六个人组成的六个小组，每个小组负责一个子系统。每个小组要选出一个代表，至少每周与其他组的代表讨论相互的情况。我来解释一下。"

"每个小组可以设计出自己想要的任何子系统，只要不影响其他组的设计即可。如果某个组的设计影响到了其他的一个或多个小组的设计，那么必须事先征得他们的同意。我可以提前告诉你们，"他说，"每组之间几乎不可能不会相互影响。在今年年底，我希望可以看到一个完全整合的系统设计，而不是六个子系统的设计，我甚至不想知道每个组是怎么提出自己的设计的。大家都明白了吗?"他问道。

他分了一个"长途"小组（城市之间的沟通），一个"短线"小组（城市内部的沟通），一个配电站，两个另外的小组，最后是电话机组，而我和我的朋友彼得·迈尔斯都被分到了最后一组。

会议中途休息时，各组马上聚在一起开始相互了解组员。当彼得把我介绍给我们组的其他成员时，他们都认为一个"外人"竟然成功地侵入到他们的会议中真是太有意思了，但是他们说，副总裁并没有把任用"外人"排除在外，因此他们邀请我也加入到他们的工作中。结果，我在第二年有很多时间跟他们的团队在一起，那是一个多么难得的学习机会!

那天午餐以后，我们小组就召开了第一次会议。我们组共有七个人，六个实验室的人加上我，大家在一个小会议室里会面了。在寒暄了片刻之后，我们就讨论应该从什么地方开始着手。我们决定先把电话机应有的一些功能罗列出来，然后在白板上列出了一些建议。为首的几项建议如下：

- 我接的每一个电话都是要找我的，没有拨错的电话。
- 在接电话之前我想知道是谁打来的，所以有些不想接的电话我就可以不接。
- 打电话时可以不用手。
- 我可以随身携带一部电话，不用到一个固定的地方打电话。

在后面的几周里，我们继续在这张单子上添加新的建议，最后我们希望电话具备的功能达到了 90 多项。清单变得冗长而复杂，比如，我们希望能够同时与处于多个地点的人通话，并且能看到他们，能即时传送文件或图表。

不过，我们才思已告枯竭。然而我们注意到，我们还没有设计出任何东西，于是决定动手试一下。我们决定先从清单上列出的第一项功能做起，即"没有拨错的电话"，看看能否设计一部能满足这项要求的电话机。

在这个问题上，我指出有两种类型的错误号码，这几乎毁掉了我在小组中的信誉。一种情形是有正确的电话号码但是拨错了，另一种情形是电话号码是错误的但是拨对了。小组里的一个人马上指出，如果有人记错了号码同时也拨错了，他仍然有可能拨对了号码，但是小组觉得这种情形太罕见了，可以忽略不计，只是每种类型中错误号码的比例值得关注。

此刻我又挣回了些颜面，因为我认识公司心理学部的主管。我直接用会议室里的电话与他通话。寒暄之后，我问他是否做过一些有关错误电话号码的研究，他在电话的另一端激动了起来。过了片刻我才反应过来，原来错误的电话号码是他多年的研究项目，我是第一个向他问及这方面问题的。他想把他所有的研究结果一股脑告诉我，我又劝了他半天。在他冷静下来之后，我得知4/5的错误电话都是由拨错了正确的号码造成的。我们决定以此为下一步工作的出发点。

接下来有趣的事情发生了：不出一个小时，我们在理论上找到了一个减少（如果说不能完全消除的话）这种错误的方法。我们用一个小型的手持计算器（在当时是根本不存在的）代替拨号盘。计算器上有10个按键（每个按键代表一个数字），一个显示屏和右下角的一个红色按键。这部电话机要按照以下步骤使用：不摘话筒，先按相应的键输入希望拨打的电话号码，这些号码会出现在显示屏上。在检查以后，如果号码正确，则可以马上拨出电话；如果显示的号码不正确，可以按红色键更正，重新输入正确的号码。

为此我们非常兴奋，但是我们又意识到这样的电话机是否在技术上可行（当时并没有手持计算器可用）。因此，我们联系了一个从事小型化研究的实验部门，向他们寻找技术支持。他们派了两个年轻人来参加我们的会议，他们看上去像刚从学校毕业的学生，带着十足的书生气。

我们一边讲述眼前的项目，他们一边窃窃私语，不到一会儿他们便完全投入到彼此私下的谈话之中，而不再注意我们的讲述。这让我们大为恼火，不过，研发实验室里的人发生这种行为也不是完全出乎意料的。接着，他们突然起身，匆匆离开了会议室，没有做任何解释。我们都很气愤，但是考虑到时间，我们决定不再理论这件事了，接着讨论第二项功能。

几个星期之后，这两位年轻人突然出现在我们的会议中，而且看上去非常疲惫，满脸歉意。他们说："你们可能很想知道上次开会时为什么我们突然跑了。"我们说他们是在避重就轻。他们解释道："我们对你们的研究项目非常感兴趣，但我们彼此的兴奋点不同，我们也不想花时间解释。我们更感兴趣的是按键，而不是错误的号码。"

他们继续说："我们回去之后做了一部按键电话机，并且在很多人中测试过了，结果表明，用按键拨号比转拨号盘拨号要少花12秒的时间，而且输入电话号码以及在电话接听之前都不会占用电话线，这也节省了时间。对美国电话电报公司来说，节省的这两部分时间要值数百万美元，所以我们启动了一个项目，专门研究那种电话。我们给它取了代号，但现在还不能公开。"他们环顾房间周围，确保没有人在偷听，然后对我们说道："是按键式电话。"

在年底之前，我们设计的很多功能都找到了技术上的可行性。在我离开这个项目之后，他们又继续研究，除了有两种变化没有被预测出来外，他们几乎预测出了电话系统的每一种变化：包括按键电话机、顾客端电话机、呼叫等待、呼叫转移、语音信箱、来电显示、会议电话、扬声电话、记忆键快速拨号以及移动电话，还有电话的摄像功能以及与互联网的连接。

在我所了解的有关系统变革的所有成果当中，我们的设计所产生的影响力最大。有鉴于此，我开始对这一项目的程序进行修订，以放大它在本书中的应用范围。你将看到，它的适用性非常广泛，而且在不断扩展。

这次经历是一个活生生的例证，它有力地证明了优化设计成为诸多重大变革的助推器。然而，应用这一过程不仅需要我们摒弃阻碍创新思维的旧观念，而且要求我们清晰地掌握每一个实施的步骤。援用不同行业的不同组织的例证引领大家掌握整个设计过程，正是本书的要旨所在。

本书的构架

在本书的构架中，我们贯彻了这样一条主线，那就是引领你找到与自身的兴趣和需要相匹配的核心价值。第 1 部分题为"优化设计：基本理念"，它描述了优化设计的基本理念以及管理者需要遵循的步骤。第 1 章"优化设计的阶段"，阐述了执行一项完整的优化设计需要经历的各个阶段；第 2 章"过程构建"，描述了如何围绕一项成功的设计构建组织结构；第 3 章"优化设计过程的准备工作"，指出了精心准备的重要性，并对准备工作的具体细节提供了指导。这三章的目的在于让读者对优化设计建立全面的理解，以便我们在后面的章节可以集中精力于每个主题的核心部分，而不用重复每个步骤。

第 2 部分题为"优化设计：应用——操作过程"，它描述了优化设计在不同的组织和过程中的应用方法。第 4 章"企业"，考察了工商企业的方方面面，这些企业必须适应市场环境及其变化，否则就会被竞争对手淘汰出局。

第 5 章 "非营利组织和政府机构"，论证了优化设计不仅对于商业企业，而且对于非营利组织和政府机构来说也是强有力的工具。

第 6 章 "改进流程"，讨论了一些流程的结构以及如何运用优化设计改进各类组织的流程。

第 7 章 "根除问题"，描述了四种解决问题的方法，并指出最有效的方法是"根除"问题。优化设计不仅有助于化解问题，而且能从根本上消除问题的隐患。

第 8 章 "布置格局"，考察了设施和场所的布局，并指出需要把功能和地点这两个因素结合起来才能做出最佳的安排。

第 9 章 "冒险一试"，将我们在优化设计工作中积累的经验融汇到一起，为成功地开展设计提供实际的建议。

第 3 部分题为"优化设计：无限——应用于当今世界的挑战"，它通过在当今世界面临的诸多严峻挑战之中的应用说明了优化设计的广泛用途。第 10 章 "城市面临的挑战"，描述了城市化运动中的各种挑战，介绍了一款概念上非常适合在市内驾驶的小型汽车。该章还论述了优化设计是如何用于重新规划巴黎的，而这只是国家系统的一部分。这个项目时至今日仍然对法国发挥着作用。

第 11 章 "医疗挑战"，探究了医疗体系这一难题是如何被优化设计所解决的。该章首先描述了美国的医疗体系，这个体系的理想目标是能惠及所有的公民。接下来，书中又提出了大型医疗保健中心的概念，这样的中心有利于密切患者与医疗专家的接触。

第 12 章 "政府的挑战"，讨论了政府所面临的问题，以及如何使用优化设计处理国内、国际上的问题。该章首先以国家的选举制度为例，并将其作为重新规划政府的一部分，探究如何提升合格公民参与投票的比例以及如何同时提高公共候选人的素质。然后，本章勾勒了一个新型的国际机构，这个机构有望取代现在的联合国或者成为它的一个附属机构，负责解决许多国际战争、冲突等联合国无法解决的问题。最后，本章提到了如何应对目前世界上的头号威胁：恐怖主义。

它将优化设计应用于恐怖主义的一个根源之中，然后解释了如何将其根除的方法，以减少恐怖分子的数量和恐怖袭击的频率。

第 4 部分题为"完整的优化设计方案"，它提供了三种完整的优化设计方案，并且从第 2 部分中选取了一些应用中的真实设计方案。我们在有关应用的章节中讨论过这些案例，这里只是归纳性的节选。如果读者想按照书中的某一章或几章中讲述的内容从事优化设计，则应该认真研读整套设计的相关细节。

一个出人意料的因素

如果我们对优化设计的描述看起来很呆板，那么我们在这方面的经历确实与之相反。优化设计有一个经常被忽略但又非常重要的方面，那就是参与设计的准备工作是一件非常有趣的事情。

打破框框，允许自由发挥想象，是一件轻松而又令人兴奋的事情。从事这样的工作相当于在一个有限的宇宙里扮演上帝的角色，可以尽情地享受造物主创造万物的经历。在每一项设计过程中都会有一个特定的时刻，通常出现在早期阶段，设计人员刹那间会产生一种顿悟的感觉，这标志着他们已经越过了一道门槛，进入了一种全新的境界。

除了乐趣之外，小组成员之间没有高低贵贱之分，等级制度被抛到了九霄云外，资历尚浅的成员不用担心遭到打击报复。此外，优化设计的出发点不是为了批判现有的体制，或者是对它的不足之处横加指责，而是致力于创造出一个更好的系统，所以人们无须瞻前顾后。

正因为参与到优化设计中是一件轻松愉快的事情，所以招募成员以及保持人员的稳定性通常很容易。又因为所有参与者，无论是直接的还是间接的，都对结果负责，所以设计的执行一般都很到位。在整套设计完成之前，每一部分的设计均被视为是独立运行的，这一特点

将实施也纳入了设计的过程。

本书的使用

我们鼓励读者从头到尾阅读此书。尽管如此，根据我们自身的经验以及与其他人的交流，许多人，也许大多数人，都是挑选着看最有趣的或与自身兴趣最相关的部分。

所以，对于那些选择性看本书的读者，我们建议通读第 1 部分以全面掌握优化设计的轮廓，然后再从第 2 部分有关应用的章节中选取自己最感兴趣或最有用的内容。

同时，我们强烈建议大家阅读第 3 部分的章节，这几章有助于开拓你的思维空间，将优化设计运用到当今世界的重大挑战中去。我们认为，优化设计的应用是放之四海而皆准的。

在接下来的第 1 部分中，我们将引领大家了解优化设计的执行过程。重点在于一般性的应用，而不是具体的操作，后者是第 2 部分的核心。

我们欢迎大家踏上一个新的旅程。

艾科夫
第 1 部分

优化设计：基本理念

- ◆ 优化设计的阶段
- ◆ 过程构建
- ◆ 优化设计过程的准备工作

第 1 章

优化设计的阶段

做出推断已属不易，预测未来则难上加难。

——尤吉·贝拉（Yogi Berra）

我们在导论中看到，当贝尔实验室的副总裁宣布"美国的电话系统昨夜遭到了摧毁"这则惊人的消息时，一个巨型公司的创造性思维被激活了，组织的重新构建也就从此开始了。这则消息当然并不是真实的，但是它体现了一种思维理念：在着手规划时，要先假设什么都不存在，因为只有将头脑清零才能展开大胆的想象，而不至于分神去为"不可能做到"寻找理由。

在这一章里，我们来介绍一下优化设计的各个阶段，因为系统化地把握整个流程是取得成功的前提。我们先大致了解一下优化设计是如何从一个组织计划中演化出来的，最后来考察优化设计最近在通用汽车公司的应用情况，看该公司是如何运用它来解决其安吉安星系统（On-Star）的问题的。

这一章连同后面的两章旨在帮助你对优化设计建立一个全面的了解，让你认识到它几乎适用于任何一种组织或机构。本书后面的章节将侧重于具体的应用，但假设前提是你已经通过前三章的内容掌握了优化设计的全部过程。

⟳ 优化设计的演化

在优化设计诞生之前，有三种对待组织计划的指导思想：

● **被动反应主义**——被动反应的计划者在以前实施过的经验中寻找解决组织问题的方法，他们经常沉浸于组织的过去，怀念那些"往昔的美好时光"。

● **无为主义**——无所作为，或者说保守。计划者往往满足于现状，希望无为而治，现实的问题总有一天会自动消失。一些观察家把这种思维模式比作伏尔泰在《老实人》（Candide）一书中邦葛罗斯教授的角色，他笃信"一切都好得不能再好了"。

● **激进主义**——激进主义的计划者在解决问题时既不研究过去，也不审视当前，而是相信未来会比现在更美好。对他们而言，未来蕴藏着改善的机会。

这种思想的弱点在于对未来的预测。依靠对未来的预测行事一定会导致不良的后果，就像尤吉·贝拉的至理名言："做出推断已属不易，预测未来则难上加难。"

这些指导思想有时可以奏效，但更多的时候效果欠佳。它们无法帮助组织适应瞬息万变的运作环境，不管是市场的变化、技术的变化、竞争态势的变化，抑或是影响组织的其他因素。所以，深谋远虑的计划者开始谋划第四种指导思想，也就是本书所倡导的优化设计过程：

● **互动主义**——互动主义的计划者排斥其他三种计划者的指导思想。他们的计划模式是逆向的，即他们从未来的理想状态出发，采用倒推的方式确定当前该做什么。他们无意计划未来，而是计划组织在现阶段的理想状态应该怎样。然而，正是在这种思想的指导下，互动主义的管理者为自己的组织创造了条件，以便在一个未知的将来收获成功。

优化设计的过程

我们也将互动式规划过程称作优化设计，它由两部分组成：

- **构筑理想**
  1. 梳理谜团
  2. 目标设计
- **付诸现实**
  3. 方法设计
  4. 资源设计
  5. 执行设计
  6. 控制设计

下面来讲解具体的运作过程。

构筑理想

1. 梳理谜团

任何一个组织或机构都会面对一系列相互作用的威胁和机遇，我们将由此构成的状态称之为谜团。梳理谜团的目标是确定一个组织的命运。一个组织如果保持一成不变，不去适应不断变化的内部和外部环境，即使它完全能够预知变化的方向，最终也无法摆脱毁灭的命运。

这个过程旨在发现一个组织的阿基琉斯之踵[①]，也就是自我毁灭的根源，并且通过识别一个组织机构需不惜一切代价要避免的问题，从而确立计划的核心。

一个组织或机构时常面临这样或那样的危机，这些危机就在眼前，而不是在将来的某一时刻。在着手优化设计之前，必须首先对谜团建立正确的理解（"梳理"），才有望避免一场灭顶之灾。无论是对于眼前的谜团还是未来的谜团，梳理的过程基本是一致的。

梳理一个谜团一般包含四个步骤：

（1）**建立系统分析**——详细描述组织机构当前的运作状况，最好采用一系列流程图的方式。从物料的采购到加工，乃至资金和信息的流动，流程图是一种很直观的工具。

（2）**建立障碍分析**——确定组织机构内部存在哪些阻碍进程或者抵制改革的因素，把握其特征和特性（例如矛盾冲突和风俗习惯）。

（3）**建立参照预测**——描绘一下组织未来的面貌，假设前提是其当前的计划、政策、项目和做法保持不变，而运作环境只是沿着期望的轨迹变化，这样有助于显示出这个组织在不做出任何重大改变的情况下是如何以及为什么行将坐以待毙。当然，这不是一个预测，而是关于一个组织走向自我毁灭的推断。这种推断可以揭示在第二个步骤中提到的阻力是如何阻碍组织进行自我调整以适应环境变化的。

（4）**准备谜团陈述**——把组织的现状与对它的参照预测合并，形成一个组织在未来可能呈现的景象。在其当前的计划、政策、项目和做法保持不变，而运作环境只是沿着期望的轨迹变化的情况下，这就

---

① 出自荷马史诗《伊利亚特》中的典故。希腊最为骁勇善战的勇士阿基琉斯，浑身经过冥河之水的浸泡，皮肤变得刀枪不入，而唯独脚后跟没有沾水，结果在特洛伊之战中被一支毒箭射中而丧生。后人将"阿基琉斯之踵"比作一个强者的致命弱点，或俗话说的死穴。——译者注

是一个组织即将面对的未来。

2. 目标设计

这个阶段是优化设计的核心部分。设想,假如计划者可以随心所欲地构想,那么一个组织机构的现状应该是什么样子呢? 在此基础上,找出优化设计与组织现状之间存在的差距,之后的计划进程就是要弥合这些差距。关键要注意,这个设计一定要确保杜绝梳理谜团阶段所揭示的自我毁灭的根源。

付诸现实

3. 方法设计

这个阶段要求计划者决定应该采用哪些措施来修订设计方案,以尽可能避免梳理谜团过程中所推测的自我毁灭。计划者必须设计和优选出需要实施的行动路线、做法、项目、方案及政策。

4. 资源设计

实施优化设计需要计划者确定和配置所需的资源来完成纳入计划的变革,具体包括以下三个步骤:

(1) 决定每一种资源需要多少,这些资源包括人力、资金、物料和服务,设施和设备,还有信息、知识以及相应的理解力和智慧。此外,还要决定在何时何地投入选定的资源。

(2) 确定每一种资源在各个确定的时间和地点具体的可用数量,然后找出可用量与需要量之间的差距。

(3) 决定应该采取何种措施来处理步骤 (2) 中出现的资源短缺和过剩。

5. 执行设计

决定谁做什么,以及实施的时间和地点。建立一个进程表,根据

需要的任务分配资源。

6. 控制设计

决定：（1）如何监控这些任务和进程；（2）当进度滞后或提前时，怎么调节；（3）怎样控制计划中的决策来确定它们是否产生了期望的效果（如果不是，确定错误的根源并予以改正）。

上述这六个互动式规划阶段是按照通常的顺序排列的，在具体执行过程中可以打破这种顺序。由于各个阶段具有很强的依赖性，所以几个阶段可以同步进行并且互相作用。互动式规划是持续不断的，没有一个阶段是可以永久性完成的。这就是说，一个计划里的所有部分都是受之后的部分而修正修订的。最好情况下，计划依然是从整体入手来进行修正。

限制和条件

优化设计需要满足两项限制和一项重要的条件。首先，设计必须是技术上可行的，没有任何想象的成分。这项限制并没有排除创新，但是它的确限制了那些我们可以去发展，甚至还没有实现的创新。例如，设计一种用意念交流来替代电话或者电子邮件的通信系统纯属异想天开。但是，我们显然可以增加手机的功能，比如给汽车开锁、打开车灯、在回家的路上启动屋内的暖气或者空调等。

技术的可行性决定了设计实施的可行性，但是这里并没有考虑其现实可能性。一项优化设计无论在技术上多么可行，很可能由于经济、社会或者政治的原因而无法得到实施。例如，如果全面推行货币流通的电子化，在基于消费的税收体制下（相对于基于收入的税收体制）是可能实现的，但是出于政治的原因，这种设计不可能被采纳。

　　第二项限制是，付诸实施的优化设计必须在现实的环境中具有生存的能力，因此，它不能违背法律，而且必须遵守任何相关的法规和规章。这并不是说优化设计必须能够马上得到实施，而是说优化设计一旦付诸实施，必须能够适应现实的生存环境。例如，在选举中完全推行电子投票系统是可能的，但是，在今天电脑黑客横行的世界里，选民不能确定他们的选票能够得到有效的记录。不过，在将来某一天，如果选民对系统的严密性建立了信心，这个系统就具备了实施的条件。

　　最后，还有一项重要的条件，就是优化设计的过程必须随时能够改进。如果设计的对象属于组织机构，那么这个机构一定要具备学习和适应内外部环境变化的能力，必须随时准备、愿意而且能够自我革新或者得到改进。由于一项优化设计的产物是可以不断改进的，因此它并不是完美无缺的。但是，它是设计者在当前所能想到的最佳系统。

未来展望

　　我们已经指出了对未来做出预测有多么困难。优化设计着重强调计划者需要立足于理想的现状，而非将来某一时刻的情况。但是，这不是说无须考虑未来，只是要改变思维方式。在传统设计中，计划者对未来的预测是基于当前的设计能够延续下去这样一个前提，但遗憾的是，由于环境的急剧变化，再加上它本身的复杂性，精确的预测也就随之变得愈加虚无缥缈。众所周知，劣质的预测只会带来劣质的结果。那么，到底应该如何看待未来呢？

　　在优化设计中，未来是计划者假定的。与一些预言家的观点相反，对未来的假定在性质上不同于预测。预测关乎可能出现的未来，而假定则关乎可以缔造的未来。即便我们预测下次旅行中不会爆胎，也要

为汽车准备好备用轮胎。实际上，我们如果要预测什么的话，那就是在下次旅行中不会爆胎。就算爆胎基本不太可能发生了，我们仍然假定这种事故是可能发生的。

有两种不同的方式来看待假定的未来。第一种，当有一些相关和可明确描述的可能的未来时，计划者可以为每一种可能性做出计划，这叫做偶然性设计。于是，当未来的情况变为可知的时候，就可以启动相应的计划。例如，一家石油公司可以根据油价的上涨、持平或者下跌制定相应的开采计划。一旦价格显示出变动趋势，它就可以迅速启动相应的计划。

当偶然性的因素过多，超出了计划所及的范围时，相应的策略是在组织中植入足够的灵活性和应变机制，以随时针对各种应急情况做出迅速有效的改变。汽车制造商不可能准确地预测顾客的各种需求，例如所有可能的款式、颜色以及其他附件等，但是精明的制造商可以通过生产线的设计来解决这个问题，做到在同一条生产线上能够根据客户的要求生产出不同款式和颜色的汽车。不少行业中的制造商已经使生产设施具备了相当的灵活性，可以根据刚刚收到的订单为客户定制各种个性化的产品，波音公司和戴尔电脑公司就是其中的代表。这种系统的优越性显而易见，它能够加速库存的周转率，将闲置资金压缩到最低限度。

优化设计的作用

到目前为止，我们描述了将优化设计付诸实践的过程，不过，计划者还要意识到这一过程的其他层面。意识到以下这些内容，相关的个人和组织一定会从中获益更多：

● 增进对设计内容的理解

- 转变设计者关于可行性的观念
- 简化计划过程
- 增强创造力
- 提高执行力

接下来，我们对上述层面进行逐一分析。

增进理解

若要深入理解一件事情，最好的方法莫过于亲手去设计它。即使设计车门把手这样一种简单的东西，设计者也必须理解人们如何抓住把手，然后转动（或者拉开）。只有这样，设计者才能设计出舒适而实用的把手。

此外，设计者在设计过程中有时会被迫考虑某些假设。这种考虑经常暴露出在既有的对象当中存在的不合理成分，以从中找到可以替换或改进的空间。例如，基本上所有的男士商店都按照种类摆放服装，西装摆在一边，外套摆在一边，衬衫摆在另一边，如此等等。当一组男性设计者参与到该男士商店的优化设计中来时，他们明显地看出，商店的这种摆置是为了方便经营者，而不是顾客。他们发现，更便于顾客的安排是把这些服装按照尺码，而不是种类进行重新摆放。把所有的西装、外套、衬衫等都放在一起，这样一来，每位顾客都能在一个地方找到他想要的东西，无论小号、中号还是大号。书店就谙熟这个道理，所以把图书都按照科目摆放（因为大多数顾客即使不知道有哪些书目，却都知道自己的兴趣所在）。

转变设计者关于可行性的观念

至于我们想要什么，最主要的障碍就是我们自己。伟大的美国哲学家波戈（Pogo）曾说过一句名言："我们遇到了敌人，它就是我们自己。"这恰恰印证了我们的论断。但是，当从现状出发，展望理想的未来时，我们会被各种想象中的障碍所束缚。假如我们换一个角度，将理想中的未来作为出发点，回过头来再重新审视现状，很多所谓的障碍便无影无踪了。

银行业务就是一个很好的例子。很多年前，银行雇用了很多出纳员处理顾客交易。他们接收存款，填写存单，兑现支票，在存折上登记利息。银行不得不随着业务的扩大而雇用大批的出纳员，但是一部分有远见的银行家开始扪心自问：什么是理想的银行？他们得出结论：只需要少量的，甚至根本不需要出纳员就可以处理所有相同的交易。这一思路引领他们创造出了自动取款机，由顾客自己来处理交易，而无须出纳员。接着，又推出了网上银行，顾客甚至可以不用光顾银行就可以管理自己的账户。在此之前，银行家心目中的障碍是如何招募更多的出纳员并付给他们薪水，而在他们意识到银行在减少出纳员数量的情况下也可以正常运营之后，想象中的障碍消失了。尽管仍有一部分顾客对这种改变颇有微词，但大部分还是满意的，因为他们不再需要排队等候人工服务了。

简化计划过程

在决定实现目标的路径时，从想要的结果往前推，这便是逆向计划。这种计划方式有助于压缩备选方案的数目，在很大程度上简化计划的过程，避免不必要的弯路。

描述一个组织简化的案例需要从头至尾交代顺向和逆向计划的细节。考虑到篇幅的限制，我们以网球锦标赛为例，来恰当地说明逆向计划可以在多大程度上简化优化设计过程。如果一项网球锦标赛有 64 位选手参加，那么到决出冠军需要多少场比赛呢？这算出来并不是很难。在第一轮有 32 场比赛，然后依次是 16 场、8 场、4 场、2 场、1 场。全部加起来，等于 63 场比赛。但是，如果我们从最后开始，问

"在这项比赛中会有多少人被淘汰",答案显然是 63,完全不需要运算。如果我们的选手不是 2 的倍数,比如 57,这种逆向方式则更显优势。运算变得复杂了,因为在第一轮就必须有一些选手轮空,以保证在下一轮的人数是 2 的倍数。如果我们逆向计算,这样很明显有 56 位球手淘汰,比赛的场次也是同样的数字。

增强创造力

人类的创造力可以追溯到人类出现的时刻,但是我们开始理解它却是不久以前的事情。我们相信这是一个包括三个步骤的过程:首先,要认识到一个自我设定的约束条件,就是在有意或无意中建立一个假设来限制备选方案的数目;其次,一定会因为约束条件过于僵化而否定或者打破这样的假设;最后,必须探究这一否定的后果。

解决一个谜题必然需要经过这些步骤(因为如果假设不正确,我们就无从找到谜底)。当一个百思不得其解的谜底被他人揭开时,我们恨不得踹自己一脚,因为我们意识到自身才是谜题和谜底之间的障碍。

譬如,当我们年轻的时候,大多数人都会遇到下面这个问题(见图 1—1)。

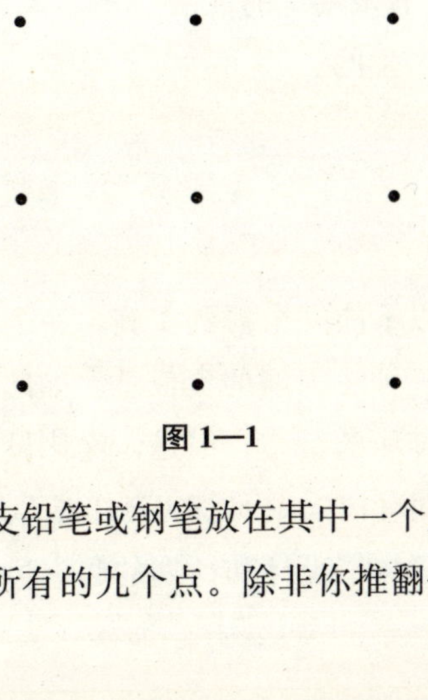

图 1—1

现在要求你拿一支铅笔或钢笔放在其中一个点上,笔不能离开纸面,画四条直线穿过所有的九个点。除非你推翻一个可能意想不到的假设条件，就是你不能越出这九个点框定的正方形之外，否则你是做不到的。即使你没有被告知可以超越这个正方形的边界，你也要认为你是可以的。打破了这个假设条件，问题就迎刃而解了（见图1—2）。

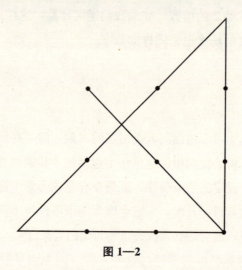

图 1—2

更进一步说，如果忽略不计所有的假设条件，那么还存在其他可能的解决方案。假如你把这张纸按照某种方式折叠起来，你可以用一条线将九个点都联起来。一个站在一旁观看的八岁孩子问那些试图揭开谜底的成年人，"何不找一支非常大的笔，一下子把九个点都盖住呢？"的确，这里并没有限制笔的规格。

创造力就是这样产生的。

提高执行力

大多数计划之所以不能完全得到实施，一个主要原因是那些负责执行的人对计划没有一种主人翁的责任感。如此一来，他们在执行过程中难免产生怨愤和排斥的情绪。但是，优化设计要求所有的参与者都保持积极的姿态，明确树立主人翁的责任感，从而避免怨愤和排斥。一般而言，如果亲手参与了设计和计划的制定过程，实施的热情自然会饱满。

↻ 通用汽车公司的优化设计

我们已经在导论中看到了优化设计的威力，它不仅能够用来改造美国电话电报公司这样的巨型企业，而且能够对它所处的整个行业环境进行再造。当然，优化设计在更多情况下被用于小范围的项目。20世纪 90 年代末，通用汽车公司的新产品"安吉安星安全保障系统"面临着一场挑战，它们决定采取的几组方法诠释了如何在一个大型组织的局部应用优化设计的步骤。

这个例子同样说明，一个组织在一场市场份额不断丢失、利润持续下滑的危机面前，可以成功地通过局部业务的再造渡过难关。这个例子是尼克·普达（Nick Pudar）向作者讲述的，他担任通用汽车公司战略行动小组的主管，曾与艾科夫一道解决通用汽车公司的问题。

1996 年，作为一项差异化的战略措施，通用汽车公司为卡迪拉克产品线引入了安吉安星系统。消费者可以在买车时额外付费安装安吉安星系统。这个系统是安装在车上的一种电子装置，可以帮助车主通过两个电讯频道与呼叫中心的现场咨询员取得联系，从而得到一系列服务：如果发生交通事故，打开了安全气囊，自动提供对呼叫中心的双频呼叫（与此同时，车内的全球卫星定位系统会把出事的地点发送给呼叫中心的咨询员，咨询员在必要的情况下可以派遣人员赶赴现场提供应急服务）；车主如果被锁在了车外，咨询员可以发送一个信号开启车锁；当车主在一个大型的停车场里找不到自己的汽车时，咨询员可以发送信号将车灯打开或是按下喇叭；如果"检查引擎"的警报灯闪烁，车主可以要求咨询员提供远程诊断，以确定问题的严重性和应该采取的措施。毋庸置疑，安吉安星提供的诸如此类的服务项目对车主是有价值的。

但是安吉安星系统的安装费和保养费很高，幸而卡迪拉克的买主大都财力雄厚，有能力承担这些附加的费用。但是，对于其他价位较低的产品线，这笔额外的开支就变成了一个不小的问题。在计划者心目中，买主所能承受的价格是有限的，而倘若价位不能突破买主的支付能力，汽车的基价就难以包含这项服务。因此公司决定将这项服务功能交给经销商，由它们根据买主的要求来决定是否安装这一"附加的"系统。顾客需要为这套系统额外支付近 1 000 美元，还不包括安装费和零售商的利润。除此之外，买主还要按月购买移动通信服务以及安吉安星咨询服务。结果，截至 1998 年，通用汽车公司仅收到了 3 万多个安吉安星订户，这远远不能证明系统的成功。

直接参与安吉安星项目的设计人员清醒地意识到，只有做出战略调整才有望推动这一系统的普及，从而实现盈利。于是，公司领导层授权成立了一个项目组认真研究个中的问题，最后决定采用优化设计的思路。各个步骤的细节我们在本章前面讲述过了，我们在此只是粗略地考察他们在每个步骤中的做法，目的是帮助读者对一个典型的优化设计如何在现实中运用形成大致的概念。

构筑理想

1. 梳理谜团

如果通用汽车公司想要扩大愿意购买安吉安星服务的买主数量，它的确有一个谜团需要梳理。高昂的设备安装费，加上高额的会员费以及移动服务月租费，是导致新顾客望而却步的三大主要因素，结果致使公司无利可图。

团队开始梳理这个谜团。首先，这个装置提高了汽车的售价，进而影响了销售量；而如果蚀本销售，项目的盈利就要减少。其次，团队担心，委托给经销商安装可能会造成额外的质量和担保成本，因为安装这个装置需要拆卸部分车体。最后，安吉安星的安装避开了通用汽车公司对新产品进行长效测试的政策，从而导致了对系统质量的担忧。

该项业务的复杂性是团队担忧的另一个问题。为每一家经销商备足成套的安装工具是一项十分艰巨的任务，不同型号的汽车要求不同的安装方式，培训经销商掌握安装程序也不是一件容易的事情。

经销商也有自己的担忧。尽管它们销售和安装一套安吉安星系统就能得到可观的利润，但由于销量不足，致使它们觉得不值得在这项业务上花费那么多时间。经销商同时相信，向顾客销售安吉安星系统很可能会造成疑惑，进而影响汽车本身的销售。

当团队做出这项业务的模型时，不管将来如何加大力度推广，他们发现相同的问题依然存在。指望通过经销商安装带来经济效益不能支撑这项业务的吸引力和持续性。至此，团队意识到了经销商安装不具备可持续性，但是通过工厂安装也有它的问题。如果在工厂就将该装置安装到汽车上，不向买主收取额外的费用，就无法保证买主将来会成为这项业务的用户（期望以订户收入抵消硬件的成本）。考虑到硬件在当时的成本，由工厂直接安装显然不是这项业务的解决方案。

2. 目标设计

团队接下来触及了优化设计的核心，于是提出这样的问题："如果你今天可以心想事成，那么你最想得到什么？"针对安吉安星的优化设计，团队的答案是很简单的：通用汽车公司 2000 年所有车型统统在出厂前安装安吉安星系统。（该优化设计项目是在 1998 年秋天启动的，2000 年车型将在 1999 年夏天投产。）

这项设计遇到了原先梳理谜团过程中指出的挑战。如果安吉安星装置变成了所有汽车的一个标准配置，通用汽车将在潜在的买主心目中树立一个独特而美好的形象。由工厂安装不仅可以消除依靠经销商"推销"这个系统的弊端，而且它还成为一个经销商向顾客津津乐道的卖点。此外，它还保证了安装的质量，降低了安装成本，最终的结果是增加了整套硬件外观的美感。

团队在把这个想法作为"理想方案"提出来后，遭到了企业上下的一片攻击。人们纷纷指责这个想法纯属异想天开，与现实严重脱节。在当时，新车型的开发周期十分漫长，通常需要五年的时间才能完成。况且标准化的质量验证和测试过程从来不接受任何后加的功能。如果将安吉安星这样的新硬件实现工厂安装，它首先必须要纳入一项新的产品项目当中，一切要从头开始。这就意味着实现工厂安装最早也要等到 2005 年的车型了，而且开始只能用一条产品线作为试点。它必须首先证明对公司的价值，然后才能决定是否可以在其他汽车平台上推而广之。

但是，团队锲而不舍，继续描绘和游说全面推行工厂安装的益处。他们演示了一份业务模拟和财务模型，表明随着经验的增加以及规模经济效益的提高，单位成本会稳步下降。

最终，高级管理层认可了工厂安装的价值，但他们不相信能够在 2000 年的车型上实现。团队下一步的任务便是设法缩小理想和现实之间的距离。

付诸现实

3. 方法设计

团队一边向高级管理层游说工厂安装的意义，一边努力寻求在各条产品线上尽快由工厂安装安吉安星系统的方法，力争在 2000 年的车型上全面启动。优化设计的步骤不一定需要严格遵循既定的顺序，步骤之间经常彼此交错，通用汽车公司的做法就是一个例证。

这个团队援用阿德里安·斯莱沃斯基（Adrian Slywotzky）的商业模型要素理论，确立了开发成功的商业模型所必备的五个要素。第一个要素是：谁是服务的对象？那就是每一辆新型通用汽车的车主。在是否将移动电话服务与安吉安星装置捆绑到一起的问题上，一场激烈的辩论爆发了。一些人说移动服务并不属于公司的产品组合，而另一些人则认为捆绑到一起可以使公司扮演经销商的角色，从销售这项服务中获得收入。团队决定抓住这个从移动服务中获得收入的机会。

商业模型第二个要开发的要素是价值陈述（销售给顾客的东西能给顾客带来什么价值）。安吉安星系统可以提供一系列的安全、保障以及信息服务，分别能够在不同场合帮助车主摆脱困境。

第三个要素就是服务传递。团队决定这项服务要具备"密切接触"的特点，一旦车主需要或提出需求，咨询员便可以现场直接提供服务。不过，根据顾客的偏好，还可以设置一位自动应答的"虚拟咨询员"提供这项服务。最后，这项服务也能通过互联网传递，因此个性化的网站将有利于这项服务的推广。系统的安装是在车体外进行的，当顾客坐在车内时，信息的交流可以通过语音识别技术完成。

第四个要素争论最为激烈，那就是这项服务的战略控制范围。究竟是将这项服务的设计作为通用汽车公司的一项独门绝技，使之成为一项差异化的特色来吸引顾客，还是任其对整个汽车行业开放？团队最后决定，这项优化设计既开放又封闭。与车主相互的信息交流属于开放型工艺，设计符合标准的信息协议规范。如此有利于调动外部的信息技术开发商的积极性，开发出服务应用软件与安吉安星的硬件相配合。这个团队相信，就外部公司的创造力和能量而言，他们完全有能力创造"超一流"的配套软件，最终占领市场，这比公司独自开发要快得多。但是，交流的数据和信息是封闭的，具体是通过由加密和验证密码组成的"可控通道"来实现控制。数据的级别将由"红、黄、绿"三种颜色予以标识。绿色级别的数据设置了免费的加密和验证密码，用户可以针对自己的车辆自由地读写全文，像收音机、座位记忆、暖气和通风等控制功能都属于绿色级别。而红色级别的数据是绝对不允许进入的。像动力控制、刹车、安全气囊、方向盘和其他关键的安全系统，任何车主在没有通用汽车公司授权的情况下绝对不能够接触读写通道。此外，像保养诊断数据等其他一些有经济价值的部分就属于黄色级别，这类数据可以通过授权协议由公司提供。

所有数据的流动都必须经过一个叫"车辆大门"的单一控制点。团队将这个大门视为安吉安星系统与各种汽车实现连接的一个重要共享界面。如果优化设计包括了其他制造商的汽车，那么至关重要的一点就是所有的汽车都必须与同一个"大门"连接起来，只有这样才能与安吉安星系统的平台达成共享，实现信息交流的简单化和标准化。团队倡议成立一个行业协会，以推动汽车数据的交换，制定适当的标准，进而构筑一个共享的交流平台。通用汽车公司率先发起了与其他汽车制造商的磋商，专门针对这些问题的汽车多媒体界面联合会（Automotive Multimedia Interface Consortium）宣告成立了。

第五个要素，也是团队在优化设计模型中最后要处理的一个问题，即价值捕获。安吉安星系统能够从多种交易类型中获利，包括定期租金、单项服务费、供应商佣金、登录费、检索费、收益分红、代销费等。

4. 资源设计

这个团队把资源设计工作分配给数个小组，由他们来决定需要多少包括人力、资金、设施及设备、信息和知识等在内的各种类型的资源，目标是确保安吉安星系统能赶在最后期限之前全面装入 2000 年的车型。这些小组还负责制定详细的计划，以确保资源能随时按需就位。具体的工作重点如下：降低设计成本，简化硬件；开发工厂实施安装的程序；设计和磋商与漫游无线电话系统的接入；重新定位经销商在营销过程中的角色；调整营销策略的重心，从以招揽客户为主（如果每个工厂在所有的汽车上都安装安吉安星装置，买主就自动变成了客户）转向以保持客户为主（在试用期结束后，与车主签订安吉安星服务协议）；充实呼叫中心的人手，准备迎接激增的服务需求；重新设计相关的核心信息技术应用软件，提高其处理能力，以配合业务的增长；与外部的供应商重新谈判，签订诸多支持合同，以取得规模经济效益；

组建一支销售队伍，向其他汽车制造商销售安吉安星系统。为了提升业务规模，扩大工厂的安装量，许多具体细节仍待进一步落实。

5. 执行设计

团队制定了一张进度表，明确了每个执行阶段的责任，而且规定了具体的完成期限。此外，他们还确定了每个阶段需要配置的资源，以确保项目如期顺利完成。每一项任务都有明确的时间表，最终汇集成一张总进度表。项目组虽然人数不多，但个个都能全神贯注。负责人能够定期碰头，跟踪各项任务的进度，及时纠正偏差。

6. 控制设计

最后，团队设计了控制机制，以监控整个项目的进程。为了获得成功，系统的每一部分都必须严格按照进度表行事，目标是冲刺 2000 年车型的最后期限。倘若某个部分拖延了时间，整个项目就会陷入困境。及时发现延期的苗头，采取有效的措施予以迅速纠正，冲刺最后期限就多了一份保障，至少有助于防止势态的进一步恶化。

收获成果

优化设计终于美梦成真了！不过在现实世界里，完美永远是一件难以捉摸的事情。该项优化设计的总目标是由工厂将安吉安星装置全面安装到公司 2000 年的车型上，然而团队并没有完全做到。尽管如此，这个项目概念的可行性已经得到了充分的证明，安吉安星系统的销售和收入也会呈现大幅度的增长。

凭借艰苦的努力和坚定的毅力，他们找到了一个折中的解决方案：在通用汽车公司 2000 年的 54 种车型当中，有一半在工厂安装了安吉安星装置。既然不是每辆车都有安吉安星装置，有些汽车将该装置列入"备选配置"，有些将其定位为由买主任选的特色配置，其他则把它作为汽车的标准配置。公司还做出了另外一项重要的决定：市场部要把这项业务提升到差异化战略的高度进行推广。具体措施为：自购车当日开始，为车主提供为期一年的免费安吉安星服务。团队期望买主在体验过安吉安星系统的价值之后能够续签这项服务。这些决策促使了订户的激增，订户数量从 1998 年的 3 万上升到 2005 年的 300 万以上。表 1—1 显示了车主申请该项服务的月平均数。

表 1—1	2005 年订户情况
每月大概平均数	每月大概平均数
每月 900 次自动安全气囊通告	每月 20 000 次路边救援请求
每月 400 次丢车查询申请	每月 35 000 次远端开锁
每月 13 000 次紧急按钮触发	每月 293 000 次路线支持呼叫
每月 23 000 次 Goodwrench 远程诊断	每月 700 万次安吉安星个人呼叫
每月 4 500 次 Good Samaritan 呼叫	每月 1 900 万分钟安吉安星个人呼叫
90 次高级自动爆缸通告	32 000 次虚拟交通服务请求
62 000 次虚拟天气服务申请	

另外，2005 年通用汽车公司宣布将加大力度拓展安吉安星系统的覆盖面，目标是到 2007 年在所有零售车辆上全面铺开。届时，公司计划每年在美国和加拿大把该系统标准推广到超过 400 万辆汽车。为推行其特许经营的重要战略决策，公司在 2005 年将安吉安星服务提供给了雷克萨斯、奥迪、讴歌、大众、本田、斯巴鲁，还有日本五十铃等汽车制造商。一些汽车制造商在把汽车运往美国之前就在工厂完成了硬件安装，其他的在入境口岸后安装，没有一家要求经销商负责安装。不过，美国其他两家汽车巨头却没有接受通用汽车公司的特许。

安吉安星项目初战告捷，许多人为之付出了大量的心血。但这只是开始，项目的未来仍然存在不确定性。优化设计的思路帮助人们集中关注安吉安星业务"现在应该是怎样的"，而不是当时存在的问题和限制条件。可以毫不夸张地说，离开了优化设计，2000 年在部分车型上推出这一服务项目是不可能的，2007 年的全面铺开也不会成为通用汽车公司的主流计划。

小结 ＞＞＞＞＞＞＞＞＞＞＞＞＞＞＞＞＞＞＞＞＞＞＞＞＞＞＞＞＞＞＞＞＞＞＞＞

　　我们讲述了一项成功的优化设计包含的基本阶段，同时也描绘了它在真实世界里的操作步骤。在真实的世界里，有些优化设计与现实之间的差距是可以弥补的，而有些则不能。但是如果没有优化设计，大多数今天看似不可能的项目在明天也不可能变成现实。

　　下一章将会讲述如何通过构建设计过程来提高优化设计每一阶段的成效。

第2章
过程构建

理想必将替代现实，成为检验真理的标准。

——作者

在第1章中，我们解释了一项成功的优化设计所包含的各个阶段。但是，若要取得真正的成效，仅凭循规蹈矩地按照给定的设计阶段行事是远远不够的。我们协助管理人员执行优化设计的经验证明，为了得到最佳的成效，过程的构建至关重要。

在这一章中，我们将讨论下列问题：谁应该参与进来，召开设计会议的频率和持续时间，主持人，会议记录，程序规则，局部设计和整体设计，统一的设计，以及会议设施和设备。

谁应该参与进来

理想的情况下，凡是受到优化设计影响的人员都应该参与到设计过程中来，这样能给"利益相关者"带来一种对项目的参与感。当然，其中还包括那些是否将优化设计方案付诸实施的最终决策者。即使受到影响的人数众多，譬如像重新设计整个企业的情形，也应该尽可能纳入一些不直接参与计划准备的人员。计划者在设计初稿后，就可以广泛传阅，以便从"遗失的"利益相关者当中征求改进意见。如果某些意见在随后的设计方案中得到了采用，表示承认和致谢是十分重要的。如果某些建议没有得到采纳，也应该向建议者说明理由。在一些情况下，所有这些工作可以借助公司的局域网、简报以及其他的内部交流媒介来完成。

关心优化设计和计划的利益相关者越多，执行时遇到的阻力就越小，结果就会更接近设计的初衷。参与到设计过程中来，人们往往会产生一种热情，甚至是一种激情，这种感觉会延续到执行过程之中。此外，即使是间接的参与者，也会比那些局外人更倾向于捍卫和拥护设计及其执行计划。

计划者应该让参与者放心，参与优化设计的准备工作不需要具备任何专长。因为这种设计关心的是"应该是什么"，而不是实际是什么或者能成为什么，所以专长与之无关，将会受到设计及其执行计划影响的人员都可以提出宝贵意见。在设计完成并被批准之后，至于如何付诸实施，专家们的角色就十分关键了。只有这后一阶段，"实际能做什么"才变成了核心问题。

我们的经验表明，设计团队不要超过 10 人。一个较大的设计团队可以分成数个小组，同时或者顺次开展同一项设计。当多个团队共同参与设计时，时常召开碰头会议是有必要的（以在最大范围内拓展计划者的设计思路）。此外，"抄袭"，也就是借鉴他人的设计方案，应当受到鼓励，这将有助于把不同小组设计的方案汇集成一个和谐统一的设计。如果多个团队针对同一个系统或者问题共同参与优化设计，主持人（下面会描述）需要轮流穿插到不同的团队中，以促进设计思路尽快达成一致。

当多个设计团队介入同一个系统或者问题的时候，一个"牵头"的团队应该负责把各个团队的设计草案汇总起来，并编制成一个最终方案。这个团队由记录员密切配合，负责整理和分发各次工作会议的书面记录，并把对报告的建议收集和汇总到修订稿中。我们曾看到过多达八个小组同步设计，另有五个小组顺次设计的场面，而且各项工作依然有条不紊。汇总不同小组的设计方案的确是一项艰巨的任务，但我们从未遇到无法解决的问题。

有些设计项目需要 10 个以上的设计小组，在这种情况下，其中可能有一部分倾向于沉默寡言，态度消极，对设计项目贡献不大。为了改变这种局面，主持人或者项目主任可以找这些人谈话，倾听他们的观点和想法。另外一些情况下，主持人或者主任还要策略性地给那些积极分子"泼冷水"，缓和一下他们的积极性，因为由少数人霸占整个设计会议的话题是绝对不正常的。

如有可能，每一个设计小组应当包含各类利益相关者的代表。例如，在约翰·霍布金斯（Johns Hopkins）药物中心组织了两个设计小组，共同对药品处理系统进行重新设计。两个小组的计划者纳入了医生、护士、行政主管、普通管理人员、药理师、药剂师以及过去的患者。在瑟登帝公司（Certainteed Corporation）的住宅屋顶翻修项目中，各个设计团队吸纳了建筑师、总承包商、屋顶翻修承包商、材料供应商以及自行翻建房屋的个人。为了综合各个小组的计划，公司成立了一个由经理和职员以及一位经验丰富的咨询师组成的牵头团队。

在设计过程中介入相关消费者有着特别重要的意义。在很多情况下，认识到顾客与消费者的区别也是很重要的。顾客是购买商品或服务的人，而消费者是那些使用它的人。虽然顾客也应该介入，但是介入消费者更为重要，因为除非他们有需求，否则就没有任何分销和营销的成功可言。有一些商品或服务，顾客购买不是为了自用，而是作为礼物赠送给他人（例如劳力士手表和万宝龙钢笔）。不仅礼物是这样，就连家庭主妇采购的大多数日常用品也是供其他家庭成员使用的。

对于设计团队而言，市场调查也许有一定帮助，但相对于顾客和消费者参与到设计中来，其价值是不可同日而语的。旨在找出顾客或消费者想要什么的调查极少有用，因为顾客和消费者往往不知道他们想要什么。但是，这不能阻止他们回答那些误导性的问题。参与到一个设计过程当中，顾客和消费者能够有机会发现他们想要什么，而且有些发现甚至连他们自己也感到吃惊。

在第 1 章中提及的男士商店中，优化设计者们惊奇地发现，顾客希望商店按照服装的型号而不是类型摆放商品。这一发现不仅激发了他们的设计思路，而且也令连锁商店的店主兴奋不已。在刚才列举的住宅屋顶翻修的例子中，多个优化设计小组得出了令人惊讶的共同结论，每个小组都建议在现状的基础上增强住宅屋顶的遮光和颜色反差。

将计划实施的最终决策者纳入设计团队也是特别重要的一点。设计团队提交报批的成果里不应该包含那些置身于设计准备过程局外人的意见，有些报告之所以遭到拒绝，正是因为决策者没有参与到设计和计划的过程之中。作为局外人，他们对项目的关心程度通常要比置身其中的人更冷淡。

最后，每一个团队在设计过程中都应该推举一名主持人，他可以是团队的一员，也可以是外部的咨询师。此外，应该指定一个人，无论是团队内或者是团队外的，担任进程的记录员。我们将在本章其后的部分详细阐述这些功能。

召开设计会议的频率和持续时间

召开设计会议的频率和持续时间取决于设计项目的复杂性和参会者的时间。一个简单的产品或过程设计，三个小时的会议足够了。如果是整个公司的重新设计，可能需要五六天的时间。

我们发现，把高级经理们召集在一起长达五六天的时间是非常困难的，他们通常倾向于数次为期较短的会议（例如，一个月内的三次为期两天的会议）。

如果计划工作需要召开多次会议，设计团队指定的人员应该在每次会后撰写一份报告。报告的起草人同时应当负责将报告分发给相关的人员，广泛征求他们的意见和建议。然后，他们在收集和整理这些意见和建议的基础上，对报告予以充实和修订，将更新的版本在下次会议之前分发给所有设计团队的成员。

在基于报告的内容完成了设计和执行计划之后，设计团队至少应该每个季度召开几次持续几个小时的碰头会，一方面是为了对进程保持监控，另一方面是针对执行过程中出现的问题对设计或计划做出必要的调整。即便在执行结束后，他们仍需要继续召开会议，以确定各个方面是否都达到了预期的效果。

↻ 主持人

由一位经验丰富的主持人出面协助，设计团队的成效可以大大提高。主持人应该谙熟优化设计的全过程和团队的动态。他要主持召开一场项目动员会，讲清设计项目的内容，明确设计工作的范围。不仅如此，他还需要创立程序规则，并负责监督实施。这些规则将在本章后面的部分讨论。还有，他必须消除分歧，最终取得各方意见的统一。这也会在后面予以讨论。

公司或机构完全有可能从内部选拔出能够胜任主持人这一角色的人员。作者们期望本书能够为主持人提供一定的方法，帮助他引导设计团队取得有益的成果。但是，如果谜团规模庞大而且复杂棘手，组织认为需要介入外部的经验，则可以外聘一名咨询师来协助设计团队

的工作。不管由谁来担任主持人这一角色，他必须得到整个团队的接受和尊重，否则团队的讨论过程难免会出现失控的状态。

会议记录

应当指定某人记录每次会议的内容，特别是会议取得的进展。这个人可以来自团队内部，也可以来自团队外部，专门负责这项任务（例如一名经理秘书或者行政助理）。团队的讨论通常以预先准备的文稿为基础，但这类文稿不属于某些具体问题的结论，而只是作为议题的提示，因此需要经过再三修改。对于会议过程中达成的一致意见或者存在的分歧，即使是初步的，也应该保持忠实的记录。记录员可以用笔记本电脑进行现场录入，会议结束时便能打印出一份书面的文档。

指定一个小组将会议记录整理成一份报告，分发传阅，征求意见和建议。每一份报告都要留出一定的篇幅介绍优化设计项目的梗概，以帮助那些没有参与设计过程的相关人员了解项目的全貌。本书的第1章可以用来作为此类报告的模板。

程序规则

会议的程序规则应当在项目启动的动员大会上就确定下来，而且经常有必要在设计会议期间重复提及。由于缺乏经验的团队成员常常违反规则，而且讨论也容易偏题，进入无关的区域，所以重复提醒常常是很必要的。主持人有责任维护业已确定的规则。这里有三个程序规则：

1. 系统昨夜被摧毁

对团队成员而言，在一开始把现实情况完全抛到脑后是很困难的。他们倾向于依据现有的系统来评判设计建议的可行性，而且时常由于缺乏改变现状的思路而不得不继续维护现有的系统。实际上，是否认可一项建议不取决于事先知道如何改变。个别成员也可能基于他当前的立场和地位来考虑问题，也许是在试图保住眼下的工作。所有的这些倾向都应该予以摒弃，这也是主持人的职责。

现有系统的特点可能会继续在优化设计中被沿用，但必须是在团队决定属于设计所需要的前提之下，而不是因为它们的现实存在。理想必将替代现实，成为检验真理的标准。例如，一家公司本想维持原来的厂址，继续生产过去的产品，只是希望扩大生产规模。而另一方面，如果设计团队意欲改变厂址，与公司本意的分歧在这里并不能构成将此设想排除在设计之外的理由。

有时，有必要再三强调，可执行性并不能构成证明某项设计方案是可以接受的一个标准。最终设计并不一定要能够执行，但是接近于最终设计的方案一定要能够执行。

2. 参与者人人平等

在一些团队中，一个或少数几个成员往往容易主导讨论的话题，主持人有责任阻止或者预防这种现象发生。他可以主动要求缄口不语的成员发言，敦促他们放下包袱，加入到讨论中来。对于某些不守章法的人，个别谈话通常是一种让他们保持克制的方法。有时一些激进的措施也是必要的，正如下面这个例子所描述的：

克拉克设备公司（Clark Equipment Corporation）的高层决定在公司的改革中推行一套优化设计项目。由于项目规模庞大，当时的CEO詹姆斯·莱因哈特（James Rinehart）也参与进来。他才思敏捷，因此在每一个议题上，大多数下属在发言之前等着聆听他的意见。结果，几乎所有的意见均围绕莱因哈特的思路展开。主持人直截了当地告诉莱因哈特要保持沉默，待其他团队成员表述完自己的想法之后再发表意见。莱因哈特当场道歉，表示愿意遵守这一规则。

但是他没有做到，在所有人尚在埋头思索某一议题的时候，他已经无法保持自控了，滔滔不绝地发表了一通自己的想法。主持人于是要求他离开房间，理由是此时的讨论无法发挥团队的作用，几乎变成了一台众星捧月的独角戏。主持人同时警告说，如果莱因哈特不离席的话，那他就出去。莱因哈特感到震惊，但他还是不情愿地离开了房间。接下来，会议秩序恢复了正常。大约半小时后，莱因哈特从门缝中伸进头来，问他是否可以回来了。主持人告诉他，他只能找个角落坐下，不过要保持安静。他照办了。过了一会儿，他举手问是否可以回到原来的座位上，主持人告诉他可以，但不能讲话。他又一次遵从了。又过了一小段时间，他问是否可以提出一个想法。主持人说可以，但是必须在其他人讲完之后，莱因哈特表示接受。最终，他变成了团队中的一个重要成员，并且赢得了团队队长的职位，做出了出色的表现。

3. 只允许积极的贡献

一些团队成员总喜欢驳斥任何一项提议。针对这种情况，规则应该明确，如果团队中某人认为一项设计方案不合理的话，他必须拿出一套他认为合理的方案。换句话说，是对提议进行完善，而不是动辄全盘否定。这条规则有助于确保许多建议和想法最终积累成一个更加合理化的成果，一味地横加指责只会堵塞言路，尤其会抹杀那些"奇思妙想"。

局部设计和整体设计

团队成员首先要提出一项局部优化设计方案。在这一步，设计团队仅着眼于自己所隶属、接触或者能够控制的某个实体单元。例如，如果团队是由公司的某个分支或者部门牵头组建的，设计的对象就限定在该分支或者部门范围之内。当这一项概念设计以及配套的执行计划完成之后，团队就可以着手制定一项整体设计了。所谓整体设计，是指突破原来的分支或者部门的局限，将设计的着眼点上升到整个公司或者机构的层面上来。具体来说，第一步的任务是完成一个部门的局部设计方案，第二步的任务是完成包含某个部门的整体设计方案。

整体设计方案属于针对整个组织或系统的变革措施，设计团队对这些措施有一定的影响，但没有控制力。必须注意，优化设计不是为了改变而改变，其结果必须能够为组织或者系统带来改善。所以，公司的整体设计与部门的局部设计是一种相辅相成的关系。接着，团队应当把开放性的设计呈报给高层主管，以期优化设计能够全面展开。通常而言，如此精心设计的方案是不会遭到冷遇的。

例如，柯达公司有三个计算机中心，最小的一个设在公司总部，两个较大的分别设在胶片分部和器材分部。总部计算机中心的主任亨利·普芬得（Henry Pfendt）率先发起并参与到优化设计中。设计实施后，该单位的效率有了显著提高，其他两个中心的主任也看到了该兄弟单位的成绩。设计团队于是设想，可以把三个计算机中心组合起来，推出一套整体的优化设计。该设想被呈送到其他计算机中心进行传阅。

不久，三个计算机中心分别指派人员参与到优化设计团队中来，目标是制定出一套适用于三个中心的整体设计方案。三个中心的主任也参与到设计团队中来，团队建议设计方案的实施应该交给公司总部。总部采纳了这一建议。结果是卓有成效的，这套整体设计方案能够传递更多有用的信息，而且大大降低了成本。

柯达公司的电信功能也同样分成了三个单位。看到计算机项目取得的积极成效，为公司总部提供通信服务的单位进行了优化设计。他们如法炮制，也将其他通信单位融合到一起，制定出一套整体设计方案。于是，一个三方组合的设计团队成立了。团队最终向公司总部提出建议，创立一个综合性的电信单位，这个提议同样得到了批准和实施。果然，通信质量提高了，成本也降了下来。

后来，综合性的计算机中心和电信中心又共同成立了一个联合设计团队，目标是将这两项职能整合到一起，在此基础上制定一套公司技术中心的设计方案。这项设计方案被提交给公司总部，并得到了批准和实施。故事到此尚未结束。公司与其他相关的企业组建的合资公司也采用这套优化设计方案，共同协调组织之间的活动。最后，最高管理层决定加强与外部客户的协作关系，将优化设计的理念推而广之，旨在为客户降低服务成本，提高服务质量。这项设计思路最终变成了现实。柯达与 IBM 的合资公司成立了一个专门的机构，为公司的专业人士提供职业规划服务，从而填补了柯达公司在员工服务领域的空白。这个案例表明，整体优化设计能够连续不断地在大型的组织系统内造就巨大的变化，而更重要的是改进。

统一的设计

设计方案不需要全部达到每一位设计团队的成员都认为无可挑剔的程度，但是他们必须在一点上取得共识，那就是提出的设计要优于维持现状。这里的意思是说，设计者不需要异口同声地赞成设计的每一部分，而只要同意这个设计在整体上比现有的状况更好即可。不过，团队的意见越接近，他们就越有望实现预期的目标。

在某一时刻，克拉克设备公司的 CEO 詹姆斯·莱因哈特领导了由部门经理组成的八个小组，并肩进行公司结构的优化设计。待每一组完成设计之后，他就把大家召集到一起，由各个小组向全体设计人员演示设计方案。演示采用在墙上挂图的形式。在所有团队都做完演示之后，莱因哈特问有多少人认为第一个演示的设计是最佳的，大概有 1/8 的人举手，随后的两组也遇到同样的情形。此刻，莱因哈特转而询问咨询顾问的看法。公司曾经采纳过这位顾问的设计方案，而当时别说是取得一致的意见，就连多数赞同他都没有得到。咨询顾问告诉他，他的提问有问题。莱因哈特让他来询问与会的人员，咨询顾问站了起来，这样问大家："你们有以下的选择：一是我随便从这些设计方案里挑选出一个，一是我们保持公司现有的结构不变。有多少人同意由我来挑选？"所有的手都举了起来。

这就迫使团队意识到，他们宁愿选择他们所做的任何一种设计，也不愿意保持现状。于是，他们又把精力集中到设计任务中来。不久，一个综合性的设计方案跃然纸上，并得到与会者的一致认同。

我们的经验表明，大多数的设计元素都能够取得一致的共识；至于开始的一小部分分歧，也有办法予以弥合。首先，大多数表面上的意见分歧实际上源于对基本事实认定的差异。在这种情况下，只要澄清了事实的真相，分歧便迎刃而解了。当然，他们还必须同意遵从已经产生的结果。

在另一个案例中，某公司有 12 处制造场地，分厂和高层经理在汇报制度上产生了分歧：每个厂的机修工程师是应该向分厂经理汇报，还是直接向公司主管工程的副总汇报呢？所有相关的经理都同意进行一次测试，他们把 12 个厂随机地分成两组，其中一组由机修总工程师向分厂经理汇报，另一组则直接向副总汇报。测试结果显示，两种制度没有明显的优劣之分，效果均因厂而异。于是，大家都同意干脆由各个分厂自行决定具体的汇报制度。

有些情况下，测试不能揭示团队想要知道什么，或者由于时间所限，无法进行测试。这样是否还有补救措施呢？我们不妨借鉴一位曾经采纳过优化设计的公司总裁发明的一种处理方法。当意见相左，显然无法弥合分歧时，总裁要求所有与会者用几分钟的时间总结一下各自的观点，分歧之处愈加凸显了。然后，总裁说出了如果团队成员无法达成一致，他将会做出怎样的决定。他踱步环视四周，叫每人重新陈述各自的观点，他允许人们改变立场。此时，如果两个人彼此意见僵持，他们实际上就等于赞同了总裁的决定，因为这是约定的规则。情势所迫，为了避免总裁的"武断"，与会者纷纷改变了各不相让的立场，相互求同存异，达成了一致的设计方案。在我们所接触的其他案例中，如果意见迟迟不能取得统一，结果只能由领导一人进行主观决策。这种方法能否确保理想的结果，我们暂无定论，但偶尔运用这一方法，的确能够促使团队成员打破僵持不下的局面，尽快找到一种合理的方案来解决无法回避的问题。

会议设施和设备

设计会议应当在一个大小适中的房间里举行。如果房间过大，参会者可能会在讨论进行过程中起身游逛。参会者的座位安排应当确保每一位都能够看到大家，长条桌就不适合，相对而言，圆桌或者 U 形会议桌则更为恰当。桌面上要留出每一个参会者摆放纸张或资料的空间。为了保持注意力，室外应保持安静，窗户透入的光线也会干扰视线，可以用遮光布挡住刺眼的强光。

与会者的手边要随时有水供应，零食、咖啡以及其他饮料可以摆放在屋角或靠墙的桌上。

至少需要两块白板或两个书写架，还要有各种颜色的油笔，白板或书写架要摆放在所有人都能看到的位置。同时还需要有足够宽的墙面用于展示设计图表，这可以让整个团队看清讨论的成果。如果没有书写架，就应准备一台投影机，加上屏幕、胶片以及适当的油笔。第三个办法就是准备一台数码投影仪，并将之通过网络与多台电脑连接起来，这样与会者就可以共同参与设计了。这样的安排能够使团队成员保持同步工作，哪怕分坐在不同的房间里。有些企业已经采取了这种方式。

如果团队离开会议室，最好把门锁上，以确保会议材料和私人物品的安全。会议进行期间应禁止电话的干扰。在休会期间，应该设一个专用的信箱，在团队成员之间传递信息。卫生间应便于出入。

如果会议在办公地以外的场所召开，应该考虑到小型聚会的场所，以便成员在中途休息期间分散讨论。主持人应该自始至终跟踪会议的进展。

与会者不应该要求着正装。

小结 〉〉〉〉〉〉〉〉〉〉〉〉〉〉〉〉〉〉〉〉〉〉〉〉〉〉〉〉〉〉〉〉〉〉

相关的人员都要有机会参与到设计中来，设计过程要尽可能广泛地吸纳各种意见和建议。利益相关者参与的比例越高，设计规划成功实施的几率就越高。

设计会议可以由一位经验丰富的人主持。一方面，他应当具有团队成员公认的设计权威，而另一方面，他还必须在决策者的心目中具有权威的形象。后者至关重要。

会议记录应当广为派发和深入讨论，这样可以鼓励尽量多的参与者提出意见。最初的设计方案应当限制在设计团队（最多包含设计团队的赞助者）内部。在设计完成和部分实施的基础上，团队应当针对下一阶段再设计一个包含初级设计的优化方案。这一阶段的设计应该着重现有系统内发生的变化，进而对方案做进一步的完善。

最终的设计必须得到共识。这种得到共识的方案不一定尽善尽美，只要优于当前需要取代的系统即可。对于个别的设计元素，共识是没有必要的，但是可以尽量争取。

场地和设施要尽可能保证会议顺利进行，尽量让与会者有一种"宾至如归"的感觉。尽可能为设计团队提供一定的场所，便于他们开展非正式的讨论。主持人应该在现场跟踪会议的全过程。

在会议进行过程中，以下的程序规则必须时刻谨记，而且要不断强化：

- **要时刻谨记现有的系统（客体或过程）已经在昨夜被摧毁了**。这个假设前提非常重要，因为这使得现有的设计者人人都要考虑他们到底想要什么，从而打破长期被现状所束缚的心智模式。

- **注重于在你能如愿以偿的前提下，你究竟想要什么，而不是你不想要什么**。其目的是使参与者放飞想象，而不是抱残守缺。主持人可以告诉参与者，在设计完成后，就可以回到现实中来。

- **不要担心是否有足够的资源来实现理想的结果**。这一点很重要，因为对计划能否执行持怀疑态度往往限制了人们的思维。更远一点说，突破性思维常常能够聚集原本不存在的资源。实际上，大凡那些激动人心的想法都能吸引到需要的资源。

- **如果你不同意别人的设计理念，不要批评，而要设法去改进**。这有两个好处：首先它能引导讨论富有成效，其次能避免过多的个人英雄主义干扰会议的气氛。相对而言，这条规则更需要在会议期间得到贯彻和加强。

- **初步设计阶段无须考虑系统的整体**。整体设计可以改变初步的设计方案，但必须以改进为前提。整体性系统包括现有系统、内容、过程、设置、环境等一个组织机构所涉及的方方面面。这个假设能够帮助设计者突出每种设计的核心目的。

最为重要的一点，优化设计是一个妙趣横生的过程，否则一定是某些地方出了问题。遇到这种情况，与其痛苦地继续，倒不如停下来，重新开始设计过程。

　　一项优化设计是否称得上成功，仅仅依靠设计者对过程更多的认识（第 1 章）以及组织协调能力（本章）是不够的，最初阶段的精心准备是确保成功的关键，下一章便集中讨论这一话题。

第 3 章

优化设计过程的准备工作

> 布伦特县将失去美国铝业制造厂和 2 300 个就业
> 岗位。
>
> ——当地报纸虚拟版头条新闻

鉴于优化设计项目的复杂性，一开始就必须做好精心的准备，而且要找准方向。在这一章，我们将讨论对组织机构开展优化设计应遵循的步骤。结合在第 1 章所讲的阶段和在第 2 章中描绘的过程，加上本章将要探讨的准备程序，我们期望读者能够对任何一个组织机构如何推动一项成功的优化设计建立全面的认识。

为一个组织机构准备优化设计要求以下三个步骤：

1. 梳理谜团
2. 制定宗旨
3. 描述设计的特征

虽然不是任何一项优化设计都必须遵循这几个步骤，但是我们的经验表明，优化设计的质量通常在很大程度上有赖于这些步骤。

⟳ 梳理谜团

我们在第1章已经讨论过梳理谜团的程序。在本章中，我们会展开描述这一程序的细节。如前所述，谜团是指，在维持现状且经营环境完全符合计划者预期的条件下，一个组织机构在未来将呈现的模样。

当然，组织行为始终保持常态，预期准确无误，这本身就是一种假设，不过建立这种假设在此却不乏意义。除非一个组织机构想在将来改变行为方式，否则它就不会花费时间和精力去制定计划。而且，没有任何组织机构坚信其预测是准确无误的。因此，如果一个组织机构认为它能够通过这两项假设得到对将来的准确预测，那就太幼稚了。其实，预测的目的不在于此，而是在于揭示倘若维持现有的行为方式和预期将导致自我摧毁的根源。任何一个组织机构如果不能顺应环境的变化，甚至是预料之中的变化，结果即使不是自取灭亡，也必然要付出惨重的代价。这一点在很大程度上是已知的，而未知的是，它将如何在假定的条件下付出代价或者自取灭亡。揭示出这一点也就等于找到了整个系统的阿基琉斯之踵，也就是俗话说的死穴。

位于克利夫兰的美联储银行第四分区便是一个例证，它在20世纪70年代早期通过梳理谜团揭示了一个意想不到的未来。它得出的结论是，如果支票结算的数量像过去的20年那样逐年递增，那么在未来就算所有美国成年人都担任清算员都无法应付。这一预测揭示了一个严肃的问题：要避免这种情况，是对银行做什么，还是由银行做什么？银行发起了一项优化设计，以决定银行做什么才能避免这种未来。于是，这个设计团队创造了目前在银行业普遍适用的电子资金转账系统。

另一个例子来自一家成功的保险公司，它开始只出售大额的人寿保单，因此只针对那些通常经济宽裕的健康人群。它的大多数保单是长期的，并允许保单持有人根据保单出具的当日确定的利率进行借款。当公司意识到这样可能会在贷款上造成损失时，它们通过梳理谜团发现了损失的数额及其原因。它们发现，如果将资金用于投资，那么公司得到的回报率要远高于它们根据保单向投保人放款的利率。越来越多的投保人从公司借款，他们用借款投资得到的回报要远远高于借款所付的利息。保险公司因此不得不依靠举债来满足投保人的借款需求，而举债的利率则远远高于保单规定借给投保人的利率，这就导致了逆现金流。为了彻底解决这一问题，公司推行了一项优化设计，将固定借款利率改为浮动借款利率。相应地，公司也提高了保单赔付的价值。如今，投保人从保险公司得到的借款利率并不低于投资得到的回报，不过他们持有的保单面值却提高了。这一措施有效地维持了公司的利润率，稳定了现金流。

　　还有一个例子是一家律师事务所，它梳理谜团的过程说明了如何以"软性"的手法来确定谜团。所谓软性手法，也就是非量化的方式。1970 年，LL&D 事务所（一家化名的费城律师事务所）拥有 53 名律师，一处办公场所，年收入为 350 万美元。到了 1980 年，该事务所的营业额达到了 2 000 万美元，拥有 54 名合伙人、74 名助理律师和 200 多名辅助人员，并在 3 个城市开设了分所。转型看来大部分是成功的，而很多律师事务所在经历这同一扩张的时代就没有这样顺利，其中一些要么关门大吉，要么分立门户，另有一些则变成了官僚机构，致使律师丧失了执业中的个人满足感。

　　尽管表面显得很成功，但是 LL&D 的主管合伙人意识到，事务所的转型也产生了一系列新的问题和挑战，如果不能妥善解决，很可能会遭遇与其他落魄的竞争者同样的命运。他们的预测显示，如果按照这个趋势发展下去，合伙人的平均分成在 10 年内就会减半，直至 2001 年缩减为零。

　　当时，律师事务所的优势在于拥有一支专业素质较高的团队，合伙人士气高昂而且精诚团结。因此，尽管存在上述的迹象，但事务所尚未遇到迫在眉睫的危机或威胁。他们所看到的属于长远的忧虑，但如果置之不理，今天的问题就会在未来 10～15 年酿成一场危机。于是，在 1983 年，他们决定制定一项优化设计方案，将危机扼杀在萌芽之中。

在制定优化设计的时候，这个团队从多个因素入手来梳理谜团。如果将这些因素割裂开来，没有任何单一因素会构成主要的问题，但是这些因素相互作用，日积月累，便会酿成严重的后果。下面是他们所确定的危机因素：

● 合伙人觉得事务所越来越像一个"企业"，进而担心亲密的同事关系和团队的凝聚力会逐步削弱。部分合伙人认为，产能、成本控制以及战略计划既不符合律师的职业特点，也不符合他们追求的目标。其他的合伙人则认为这就是残酷的现实，要挺过 20 世纪 80 年代，事务所已别无他途。合伙人各执己见，互不相让，一时无法找到令人满意的发展方向。这是很多专业性组织面临的典型困境。建设性的解决方案在于创建一个新的组织结构，使之一方面有能力应对市场的现实，另一方面仍然能够保持专业团队的本色不变。

● 事务所尚未找到一个最优的决策机制。事务所需要高效而果断的领导力，但是合伙的性质难以容忍一个"独裁者"。正因为没有高高在上的领导，对于事务所存在的缺陷，许多合伙人也难以找到抱怨的对象。合伙人确实愿意参与决策过程，并为律师事务所的未来发展献计献策，但是他们又不愿意在各种会海大战中浪费时间，他们认为在管理事务上花时间是徒劳无功的。

● 事务所的核心部门之间发生了严重的交流障碍。合伙人对事务所的未来走向见仁见智，除了本部门或小团体内的事务，很少有人了解事务所的其他活动。如此便在合伙人中间滋生了一种部门或者个人各自为战的情绪，他们感觉游离在一个完整的体系

之外，协调效应荡然无存。这违背了建立合伙制事务所的根本
初衷。

● 在这种情况下，事务所的人员频繁更换，效率不断降低，
运营成本持续上升，致使经济状况进一步恶化，以至于陷入入不
敷出的境地。

● 合伙人分成的减少会造成业务萎缩，这只会导致这些问题
激化。干劲也会随之削弱，而且事务所会对高素质的专业人才失
去吸引力。因此，事务所将会丢失它最宝贵的资产，消亡只是迟
早的事情。

有效地梳理谜团令优化设计团队坚信：除非推行剧烈的变革，否
则一场危机在所难免。团队应当认真对待梳理工作，从根本上防止在
此过程中所预见到的后果。

谜团梳理团队

我们建议，谜团梳理团队要与优化设计团队分开，最好由 3~5 位
在该组织机构中工作不满五年的年轻专业人士组成，他们要具备较高
的发展潜力。之所以启用这股新生力量，是因为他们对问题的看法要
比老职工更加敏锐，更能清醒地认识到事务所存在的缺陷。

我们的经验表明，团队成员通常需要在这项任务上平均花费一半
的工作时间，另一半则仍然用于从事日常工作。无论如何都不能让他
们产生工作岗位受到威胁的错觉，事实上，这项任务让他们多数感到
很自豪，而不是威胁，他们有权调用任何必要的资料和信息。

负责梳理谜团的团队通常要在优化设计启动之前投入工作，他们
要为优化设计团队提供建设性的建议。在优化设计完成之前，设计团
队要测试这个设计能否成功地避免梳理谜团过程中发现的问题。通常
情况下，谜团梳理团队要与优化设计团队密切配合，共同决定设计是
否可行。在两个团队确定设计能否避免混乱的过程中，梳理团队一般

要客观地审视设计方案，为优化设计团队提供建议。

谜团的演示

对于铺开的优化设计项目，其成败在一定程度上取决于向管理层演示的方式，因为管理层的认同决定了项目能否得到最终实施。谜团梳理团队通常以独创的方式来展示他们的成果。例如，在大都会人寿保险公司（Metropolitan Life），团队制作了一段模拟的晚间新闻报道，并将录像放到主要的门户网站上播放。它展现了公司在几年后的情景，并且发布了公司的破产通告。新闻播报员依据谜团梳理团队的结论，播报了公司陷入当前困境的过程和原因。高管人员观看了这段录像后，纷纷被这种真实感所震撼。毫无疑问，随后的优化设计避免了新闻中所描绘的情景。

1979 年，美国铝业集团（Alcoa）的田纳西厂部的谜团梳理团队也运用了类似的策略。在这个团队的策划之下，1984 年 4 月 1 日的当地报纸发行了一则特刊，宣布该厂部从此关闭。特刊原本只打算发送给优化设计团队的成员，但是有一份外泄了。消息弄假成真，一部分工人忽略了该特刊的发布日期，于是组织游行示威，抗议关闭厂部的决定。这里摘录一部分《马里维尔时报》（*Maryville Times*）刊登的故事：

布伦特县将失去美国铝业制造厂和 2 300 个就业岗位

昨天，马里维尔镇遭受了经济灾难的袭击。

美国铝业集团宣布将在 1984 年 10 月关闭厂部，这意味着布伦特县人口最多的地区将失去 2 300 个就业岗位和一大笔税收。

工厂关闭的影响需要几个月的时间才能显现出来，但是其严重性已经在昨天露出端倪。

美国铝业集团每年缴纳的地产税就高达 130 万美元，占该镇税收的 60%。在田纳西州，美国铝业集团每年的开支为 4 亿美元。

公司的一位发言人否认了此次关闭与近 6 个月来导致田纳西厂部停产的罢工有关……

这位发言人表示，能源成本和金属短缺促使公司做出了关闭决定。"在过去四年中，冶炼铝的能源成本上升了 200%，因此大部分金属锭被调拨到公司其他部门，用于制造利润较高的产品。"

美国铝业集团的大多数冶炼和制造厂都设在了美国境外，那些国家的能源和人力成本都十分低廉……

除了那些已经被解雇的职工以外，这次关闭将造成 600 名管理人员和 1 700 名工人失业……

美国铝业集团的田纳西厂部在本财年的第一季度亏损了 1 000 万美元，这主要归咎于近来旷日持久的罢工运动。

一位与美国铝业集团关系密切的匿名人士称，田纳西厂部长期以来麻烦不断。消息来源称，在如何提高生产效率和竞争力的问题上，管理层和工会彼此猜忌，一直无法共同合作。有鉴于此，公司总部大幅削减了在田纳西的投资。

至此，谜团已经解开，田纳西的厂部在 1984 年 12 月决定，将在五年内关闭。在谜团梳理完毕后，一项优化设计出笼了，其核心是在运营和管理上实行一系列的改革。工会认识到，自身若要在厂部生存下去，就必须与管理层合作，找到提高效率和降低成本的方法。在这项设计方案的指导下，田纳西厂部再度实现了盈利，公司总部不仅取消了关闭工厂的决定，并且加大了资金投入，更新各类设备和设施。该厂部最终变成了世界铝业中生产铝箔效率最高的企业之一。通过当地报纸的虚拟报道，这个富有创意的谜团演变成了通过优化设计促使公司转型的催化剂。

↻ 制定宗旨

大多数宗旨属于一大堆空洞无物的口号，对组织的发展没有任何指导作用，对利益相关者也没有任何号召力。我们最近向一组公司的高管人员出示了一套公司宗旨，包括他们自己公司的宗旨，只是抹去了公司名称。很少有人能够准确地辨认出哪一个宗旨是属于他们公司的。这类不是我们在这里要讲的宗旨。我们的经验是，就算是原本最好的宗旨，也很少能够在优化设计过程中派上用场。

一项宗旨要能够反映组织的理念，从而对那些参与到组织活动中的人产生感召力。同时，它还要能够衡量向目标迈进的进程，否则就没有用处。宗旨要体现出组织的特色及其与所有利益相关者之间的联系，而不应该仅仅针对那些制定或者批准它的人。另外，它还要具备三项功能。

第一，它需要确定组织机构在社会中的角色。对一家公司而言，我们认为其社会功能是制造和分配财富，所以其宗旨要明确实现这项功能的业务范围。至于宗旨所列的经营范围是否属于当前公司所从事的业务，这一点无关紧要，优秀的宗旨所确定的业务范围往往是现有业务的主要扩展方向。以我们曾经服务过的一家公司为例，其主营业务是生产各种磁带（录音带、录像带以及磁带包装）。其宗旨包含了进军"黏合业务"的意向，这表明了公司将两项业务同时并举的兴趣。可以很清楚地看到，这意味着公司意欲在现有产品线上进行扩张和调整。

有一家酿酒公司，同时也经营娱乐业务。其宗旨明确表明，它期望能提供打发人们空余时间的产品和服务。公司的产品和服务主要针对中年人，但是人口的高龄层和低龄层有最多的空余时间，所以公司的定位显然错过了最重要的预期市场。宗旨能够提醒公司关注尚未覆盖的细分市场，重新审视一系列事先没有想到的潜在产品和服务。

第二，一项宗旨应该能够令相关群体感到振奋。例如，一家墨西哥的公司提出，它想证明公有的公司能够对国家和当地发展做出突出的贡献。它计划在墨西哥的欠发达地区建造一座大型的工厂，并承诺"将着重通过创新和娱乐来提高人们的生活品质，帮助当地实现自治和自给自足"。当地的职工为之振奋，纷纷前来申请工作职位。

ALAD 是阿姆柯钢铁公司（Armco）在拉丁美洲开设的分公司，它联合全国八个分支机构制定了一项宗旨，目的在于挑战雇员追求更高的目标：

为了大力推动拉丁美洲的发展，同时证明阿姆柯公司存在的价值，我们要：

围绕当前和未来拉丁美洲工业所急需的产品和服务，提供最经济实惠的解决方案。

提供能够使所有员工满足其个人期望的工作环境和职业发展规划。

在社会、经济和文化方面，开发和发展最适合拉丁美洲国家的技术，使它们在世界范围内提高竞争力。

证明相对于只进入一个国家，一家植根于拉丁美洲的跨国企业能够对每一个国家做出更大的贡献。

这项宗旨在不同国籍的员工间淡化了差异，尽管其中有几个国家之间一直存在敌对的关系。虽然其中一部分国家不允许货币彼此流通，但该公司采用了优化设计的建议，创立一家贸易公司，合法地规避了这一限制，同时也绕过了向美国汇出美元的障碍。

第三，一项宗旨需要确定组织机构针对每一类利益相关者的功能，其中包括员工、客户和消费者、供应商、投资者和社会公众等。例如，一家美国大型的汽车制造商宣称，它要让那些不是因为退休而自愿离开本公司的员工在就业市场上变得比他们加入本公司时更加抢手。遵循这一指导思想，公司竭力为每一位员工创造个人发展的机会。另外，它立志保护员工的健康和安全，努力成为公司民主化的先锋，大力提倡员工参与公司决策，鼓励业务创新。最后，它致力于公司文化建设，使每一个员工都能在工作和家庭之间实现最佳的平衡。

针对客户和消费者，公司致力于超越竞争对手，提供卓越的产品和服务，将质量和诚信视为竞争的法宝。对股东，它立志创造超越同行的投资回报，保持股票的市盈率遥遥领先。公司郑重承诺，为供应商提供稳定的产品和服务需求，预先向它们通报公司的需求信息，并且允许它们参与到与其相关的决定中来。最后，公司将为其经营所在的每一个社区的生活品质和生活水平做出积极有效的贡献。

一个有意义的宗旨是很必要的，但是对于一项成功的优化设计来说仍然是不够的。

◯ 描述设计的特征

在着手优化设计之前，设计团队应当详细列明期望在优化设计中体现的特征，这些特征因组织机构的具体情形而各有差异，没有一个适用于所有组织的固定模式。下列问题的答案主要是为公司这种类型的组织机构设定的，不过，我们认为这些答案对于确定其他类型组织的设计特征也能普遍适用：

- 这个组织机构应当经营什么样的材料、商品和服务？由谁提供？怎样提供？对他们的要求应当如何决定和实施？公司是否需要提供售后服务？

- 组织机构的投入如何转化？转化成什么样的产品或服务？应当如何组织和管理过程：专制的还是民主的，还是综合两者？

这个组织需要一个什么样的结构？这个组织的灵活性要有多大？要不要组织系统的学习、知识创新或者改变？如果需要，怎么做？在新产品和服务上公司应该投入多大力度？

● 公司的产品和服务如何分配和销售？在哪里销售？谁负责定位目标客户和消费者？

● 推动员工健康、安全和士气需要做些什么？组织机构和与它运作有关的团体如何关联？它的环境政策应该是怎样的？

这个清单并不是包罗万象的，但是，我们发现它的确能为设计团队确定设计特征提供一定的启发。以上述内容作为参考，通常要比在设计方案出台之后再将这些特征融合进去更为简便。

接下来的例子是不同类型的组织机构制定的宗旨，从中可以看出，其形式和特色是多种多样的。首先是一个大公司的部门，另一个是一家宠物保健公司（或称"宠物之友"）。我们希望你能够从这些例子中受到启发，去思考你自己的组织机构相似的特色，而不管它是什么。

1998 年，在为通用汽车"智囊库"做优化设计的过程中，设计团队确定了一整套公司的特色。这个部门称作公司战略和知识研发部。自 90 年代初开始，这个部门负责制定一系列的战略革新，旨在帮助通用汽车公司摆脱当时的财务危机。部门主任文森特·巴拉巴（Vincent P. Barabba）是这个例子中的主人公。这个部门已经取得了可观的成就，但是它的团队成员意识到如果推行优化设计，部门能够取得更辉煌的成绩。下面是设计团队列出的一部分特色。

● **应该提供什么样的产品和服务？**

确定战略机遇和威胁，然后向主管决策者汇报。倘若哪一步没有得到落实，找到其中的原因，并将之作为研究和行动的基础。

收集与通用汽车公司相关的内外部资料、信息、知识、认识和智慧（不仅仅是在公司内部收集），并确保以下几点：（1）及时完成收集任务；（2）及时提供给相关人员；（3）按照公司的使用者要求的格式提供。

持续改进公司的决策和执行过程。

在公司内部鼓励和推动创新。

● **服务对象是谁?**

遍布全球的所有内部决策者、决策分析人员、产品和工艺设计者。

20世纪90年代初期,宠物之友和家庭健康理事会(Companion Animal and Family Health Council)针对北美宠物保健系统开展了一项研究,当时确定的一系列特色与今天完全不同,其目的是考察宠物保健系统的做法,并为这一系统开发一项优化设计。在一开始,设计团队详细列出了最终方案应具备的特色,下面是其中的一部分:

● 所有专业活动(实践、教育、研究)的出发点应当集中围绕宠物及其主人保健问题和他们的相互关系这两个主题展开。动物保健的重点应当是健康和对疾病的预防,同时也要注重疾病的治疗和残疾管理。

● 一个理想的宠物之友医疗系统将包含初级、二级和三级看护人员及中心,二级和三级看护人员为初级看护人员提供支持,初级看护人员直接与客户接触。

● 要有24小时宠物急诊服务,这个系统要配有相应的专家、专职辅助人员和其他支持人员。

● 专业兽医要意识到两个亟须解决的问题:针对贫困的宠物主设定一个基本保障线,制定一套低廉的宠物保健计划。

● 医疗保健应以现有的科学知识为基础,需要进一步推进医疗技术的开发。

● 动物看护人员的报酬应当与要求的教育背景及专业贡献挂钩,初级、二级、三级看护中心要盈利。

小结 》》》》》》》》》》》》》》》》》》》》》》》》》》》》》》》》

制定一项优化设计方案需要预先做好三项准备工作。

第一，揭开困扰组织机构的谜团。谜团是指，按照现状发展下去，即使对预料中的变化也置之不理，组织机构注定要成为的未来状态。这就是说，如果它不能适应即使已经在意料之中的改变，它一定会在将来遇到的情况。这就揭示出了组织自取灭亡的根源，它对后来的设计起到了一种检验的作用，因为设计的根本任务是要避免谜团中所描绘的情况。

第二，除非组织机构已经有了一项有意义的宗旨（就像本章中描绘的那样），否则设计团队应该整理出一项宗旨。该宗旨应当在组织机构所处的系统里确定组织机构的功能是什么，组织机构所处的系统是指组织机构在其中发挥功能的环境。宗旨应该具备感召力，尽量展示出组织机构的独特之处。最后，它还要明确组织对每一个利益相关者的责任。

第三，设计团队应当说明一个组织机构的优化设计应包含的特色。这项工作应该在设计之前完成，以确保将其融合到设计之中。

第 1 部分到此结束。这部分共包含三章的内容，旨在全面介绍优化设计的过程，优化设计可以广泛适用于各种各样的组织机构。在第 2 部分，我们将描述优化设计在各类组织中的具体应用。取决于你的兴趣或者组织安排，你可能翻阅某些你急需的章节。但是，我们希望你不要错过第 3 部分的三章，因为这几章描述了优化设计是如何适用于当今世界上一些重大挑战的。

艾科夫

第 2 部分

优化设计：应用——操作过程

第4章

企 业

管理是正确地做事，领导是做正确的事。

——彼得·德鲁克（Peter F. Drucker）

尽管优化设计可以应用于诸多机构团体，但它并非以不变应万变的良方。企业在激烈的市场竞争中，只有获得源源不断的利润才能永葆生机，从而为众多规划设计团队带来了特殊挑战。本章描述了优化设计在两家不同行业的公司中的应用过程，以此展示企业设计中的一些共性元素。

但是在开始前，我们想补充重要的一点，即这不是与企业相关的唯一章节。本章将集中讨论大规模的优化设计。优化设计同样适用于新产品开发、流程创新、商业决策、设施布局等项目，上述内容在本书后文中均有详述。

在两种情况下，公司及其他商业组织可能从整体上需要优化设计。一种情况是在一家目前较为成功的公司里，其领导思想受到优化设计的激发，要将此方法付诸实践。他认为这样会为公司带来重要的竞争优势，或者是想了解公司商业环境的某些潜在变化是否会危及公司的活力。我们的一个例子就是一家运转良好的能源公司，但很担心市场环境的潜在

变化会威胁到公司的未来走向。

另一种情况是公司当前面临着威胁自身存续的危机。有时管理者已经试验过多种方法，但仍未奏效。在这种情况下，他们在绝望中就愿意做出任何新的尝试，无论成功的几率是多么渺茫。他们选择优化设计以背水一战。我们的经验是，这样的努力通常都会成功地扭转公司的颓势。其中的一个例子是一家处于衰退状态的国有连锁超市，在一个地区试用优化设计后便扭亏为盈。这个例子同时证明，优化设计不仅可以而且曾经应用于组织机构的全部，还应用于组织机构的某些部分，比如子公司、部门、处室甚至公司中更小的单位。正如上面的例子所述，只要某一部分的设计准备就绪，接下来通常都会影响到全局。

首先，我们来看一看对于大多数企业而言通常都共有的设计特性。

设计的共同内容

我们的经验是，在为企业进行优化设计时会反复遇到一些问题，因此规划过程中在设计上有许多重叠的内容。

公司和企业的优化设计通常包括以下内容：

- 提供的产品和服务
- 管理模式：内部行政体系
- 内部经济状况
- 组织学习及适应能力
- 人力资源拓展
- 内部和外部的交流
- 对外关系
- 设备和设施

以上内容仅仅起到提示作用，具体因企业类型而异。

重复的设计特性

下面将仔细研究几个关键特性，我们认为它们对优化设计的成败至关重要，其中主要包括内部行政体系、内部经济构成、组织结构性质以及该组织欲以何种方式针对内外条件的变化展开学习和适应行动。

内部行政体系

政治学须解决组织中的分权问题。大多数企业内部的行政体系为专制式，然而出于种种原因，企业民主化的压力日益增加，例如，劳动力的受教育水平在不断提升。越来越多的员工能够比老板更出色地完成工作。在这种情况下，以上令下的权威性管理模式逐渐失去了效用。这就要求以提高生产效率为中心的管理者们对那些受过高等教育的人才施以影响，而非滥用权威。这一点在前苏联政府中变得显而易见，民主化、自由化的运动已成为大势所趋。

一个组织的民主程度应达到：（1）做出决策时每个可能受到决策结果影响的人都能直接或通过他们选举的代表间接地参与决策过程；（2）每个人的个人权威都要服从集体权威，权力是自下而上的，而不是自上而下的；（3）在不影响他人的条件下人们可以做任何想做的事情，如果可能影响他人需经其许可。（儿童、新生代、精神病患者、体弱多病者以及囚犯可以分别对待。）

"循环组织"和"民主层级"的发展满足了民主的需要。此类设计为每名管理者配备了一个管委会，组内至少包括一名管理者，可以是顶头上司，也可以是直属下级。管委会还可根据情况添加其他成员，

功能主要有以下六项:

- 为所属部门出谋划策
- 协调下级的政策方案
- 整合上下级的政策方案
- 做出关系到小组成员工作生活质量等方面的决定
- 提出能够提高管理者及其下属绩效的方式
- 管理人员的岗位监控

为了解管委会的运作方式[1],让我们来看一下它们在 Energetics 公司的优化设计中是如何应用的。Energetics 是一家从事天然气生产、配送和销售的公司。1999 年 4 月,Energetics 公司的总资产为 3 900 万美元,2003 年底增至 2.1 亿美元;1999 年公司市值(扣除反向股票拆分因素)为 1 700 万美元,2003 年底升至 1.65 亿美元。2004 年,Energetics 被另一家公司收购,股东大获其利。该公司之所以取得如此显著的进步,应部分归功于其规划设计活动,尤其是优化设计。

下面有关优化设计的节选内容展示了 Energetics 公司是如何理解和接受民主在商业组织中的运作的。

━━━━━━━━━━━━━━━━━━━━━━━━━━━━━━━━━

参与到关乎自身的决策是组织中的各级成员学习和发展的最佳机会,没有什么能如此唤起他们工作的决心和热忱。在传统的组织形式中,提供这样的机会通常会破坏层级关系,从而影响有效的管理。而下列设计形式在维持必要层级的同时,也为组织中各级人员提供了参与重大决策的机会。

采用下列组织形式,即民主层级的单位或部门可以对其进行调整以适应自身的需要。例如,无须开始时就将下述的六项职能全部赋予管委会,只选取其中的几项即可,初始缺少的职能可以在日后逐渐添加。每个单位或部门都应确定管委会召开会议的频率、会期及流程规则。

该公司致力于为用户提供最先进和经济的产品及服务。为达到这一目标，公司必须不断吸收并容纳掌握先进相关知识和技能的员工。劳动力的教育及技能水平越高，指令性管理模式就越难发挥效用。参与式民主是吸收和容纳掌握尖端技术人才的必要（但非充分）条件……

　　每位管理者都负责一个管委会，管委会至少包括管理者本身（任主席）、其直属上级及其全体直属下级。管委会可以自行吸收其他人员作为正式成员或非正式成员，并决定他们是否拥有投票权等……下属员工必须占参加投票成员的大多数。

　　这意味着除了最高层和最基层的成员外，每位管理者都在三个层面上参与管委会活动：自己、上司和下属。因此，大多数管理者将进行五个管理层面的交流互动：高于自己的两个层面、自身层面及低于自己的两个层面。

　　管委会通常每月召开一两次会议，每次会议约两三个小时。如果管委会成员身处不同地区，应安排会议与其他例会在同一时期召开。

　　管委会应以实际需要出发（特别强调），减少开会次数，缩短会议时间。管委会可拥有下列职能：

　　● 制定政策。管委会可以制定适用于下级机构的政策（决策规则），但不得与上级管委会制定的政策相冲突……

　　● 设计规划。管委会可为所属部门筹划战略性、战术性及实施性方案，并必须与上级方案保持一致。但管委会可申请对上级方案进行变动。管委会及其所属部门应在不影响相关下属机构的条件下切实履行策划方案。若可能造成影响，方案的履行需征得上级机构或管委会的同意及配合。

　　● 协调整合政策方案。管委会应采取措施确保下级机构的政策方案协调一致，并保证本级、下级的政策方案与上级不发生冲突。

　　● 工作生活质量。管委会可以在不涉及他人的条件下自主做出关系到其成员工作生活质量的决定。如涉及他人，需经其许可。

　　● 提高绩效。每年管委会中的下属成员都要一同决定他们的顶头上司可以做些什么令他们（下属）更出色地完成自己的工作。他们会将自己的建议排出先后次序，当面递交领导。领导会给出三种意见：（1）同意；（2）不同意但说明原因；（3）要求一段时间（不超过一个月）来考虑。另外，管委会中的管理者也要对其下属提出提高绩效的建议。下属成员也可以像管理者一样对所提出的建议做出如上三种反应。

● 管理人员的任用。管委会可以撤销管理者的职务，但不能将其辞退，只有管理者的领导可以做到这一点。这就意味着管理者只有经过直属上级连同直属下级的许可方能担任其职务。

管委会可自行制定流程规则，但经一致同意才能执行……

最后，管理者的职责包括：

● 使下属不断完善现有工作；鼓励并促进下属通过不断学习培训实现持续发展。

● 对（1）所负责的人员之间；（2）本部门与公司其他部门之间；（3）本部门与公司外相关机构之间的交流互动进行管理。

● 率领下属履行本公司宗旨。

上述组织系统尽管乍看上去颇为复杂，但它减少了会议次数，使会议召开更具有积极意义，并且简化了管理模式。循环组织形式在Energetics公司顺利而有效的推行，加速了公司的成长与发展。

内部经济

可以把商业机构看成是内部经济的整合。公司用收入弥补物资、人力成本及其他开销的成本，这一核算过程催生了部门处室之间的"买卖"体系。该体系的运转方式类似于国民经济。与国民经济一样，随着经济的规模和复杂程度日益提升，运用集中模式进行有效管理也渐趋困难。

在传统的组织形式中，管理者经常面对的一道难题是转让价格的确定。转让价格是指公司内部的部门之间在交易过程中的作价，转让价格的确定通常是内部相关部门间矛盾的根源。生产部门总是认为对外销售自己的产品或服务能够获得更高利润，而买入部门则认为自己可以以更低的价格从外部供应商那里采购。如此一来，永远没有一个合理的转让价格可以避免相关部门间的矛盾。由于转让价格的矛盾是内部经济集中管理的特有问题，因此需要另一种经济模式来避免这一结果的发生。

在传统的组织形式中，内部使用的服务和产品通常由内部垄断部门提供，供应部门在公司内外都缺乏竞争对手。多数事实证明，如果这样的垄断部门再得到上级补贴的支持，在预算中隐瞒自己的实际成本，它们便越发滋长官僚作风，对于内部"客户"部门的需求无动于衷。因此，这样官僚的内部垄断部门提供的产品和服务往往比公司之外的产品和服务价格更高。

在内部市场经济中，为多个内部或外部部门提供产品和服务的组织部门属于利润中心（后文提到的个别部门除外）。利润中心可自主定价出售自己的产品和服务，也可随意从公司内外挑选产品和服务的供应方。虽然该部门的上级管理者有权推翻此类决策，但行使否决权的管理者必须弥补该部门因高价购买或低价出售而遭受的损失。这意味着所有内部部门都能像在完全自由的市场经济中一样，以合意的价格进行交易。

如果一个部门向其他内部的部门提供产品和服务能够为整个组织带来市场竞争优势，公司通常禁止其对外销售。比如，如果允许一家公司的产品设计或研发部门对外销售，竞争对手就可能获得该公司的专有信息。因此这样的部门常常归为成本中心，与利润中心搭配在一起，由利润中心承担其额外的开支。出于国家安全的考虑，只限内部往来的部门也是如此。

下面是 Energetics 公司在优化设计中有关内部市场经济的部分描述：

公司各部门应尽可能列入利润中心；其他部门为成本中心，与利润中心相互搭配。这并非要求利润中心必须盈利，它们也可创造其他类型的优势（如声誉）。如属上述情况，公司应了解或设法了解取得这种优势的代价。

任何部门均可以按照自行确定的价格将产品或服务出售给自己选定的买主，但成本中心在向外部客户出售产品和服务时，其上级管理者有权推翻其决定。

任何部门都可以考虑从公司内部或外部购进所需的产品或服务。

当某部门考虑接受外部供应商的产品或服务，而这种产品或服务公司内部部门也可以提供时，应该允许公司内部的供应部门在对外采购还没完成时将自己的产品或服务的价格调至与外部同等的水平。

当某部门有正当的商业理由从公司外部购进公司内部部门也可提供的产品或服务时，负责该部门的管理者可以组织本部门使用外部资源，但是这位行使否决权的管理者必须弥补买入部门因高价购进造成的损失。

当某部门有正当的商业理由不想将产品和服务以买方认可的唯一价格出售给公司内部部门时，负责买卖双方部门的直接管理者可以推翻这一决定，但必须补偿销售部门承担的价差。

对受到限制的部门提供的补偿费用，应计入行使否决权的管理者的开支。

公司的行政办公室同样应列入利润中心，该部门的税后开支由其收入冲抵。既然行政办公室也承担了利润中心的角色，它也要根据出资比例分取红利和股息。

利润中心可以将利润积累至一定额度（由上级管委会确定一个有能力达到的上限，以利于计算投资获得的理想收益）。经管委会批准，可以按照上级政策确定的方式使用此项资金。

Energetics 公司生产和消费中心的管理者报告说，他们非常欢迎在公司内部自主讨价还价的政策，而且从中获得了很大的收益。

组织结构

许多组织每隔几年就要重组一次，这种做法的成本通常很高，不仅耗费大量时间，而且打击许多相关人员的士气。然而，这样的变革对于组织适应内外部的变化好像又是必要的。在这种情况下，组织策划者都想知道能否以一种无须重组便可适应内外变化的方式来进行机构设置。

道康宁（Dow-Corning）公司的 CEO W. C. 戈金（W. C. Goggin）（1974）发明了一种避免重组的方式。这种方式是对机构进行多维度设置。传统的组织结构可以用上下（权力分配）和交叉（责任分配）的二维线性图表来概括，而戈金的组织形式是多维立体的。下列内容就是多维组织概念的衍生，其实质仍然反映了戈金这一至关重要却又新颖独到的指导思想。

组织工作的要旨在于建立和协调劳动分工。无论组织的性质如何，劳动分工只有三种方式：投入（职能）、产出（产品和/或服务）和用户（市场）。

投入部门的产出大部分（如果不是全部的话）用于组织内部的消费（如财会部、研发部、采购部、收发室、计算机房和人力资源部等）。

产出部门的产出（产品或服务）大部分用于供应组织外部的消费（如通用汽车的雪佛兰、庞蒂克、别克和卡迪拉克等分部）。

用户部门是指各种类型的客户或消费群体，既可以按地理划分（如北美洲、欧洲、亚洲），也可以按销售渠道划分（如公司名录、互联网、零售商及电视），还可以按人口划分（如年龄、职业、种族、性别和收入等）。

在每一组织中，上述有关分工的三种标准的相对重要性都可以体现在机构设置方面。CEO 之下第一层级的组织设置可能就会用到三种标准中的一种或几种，以下几层也是如此。每一层级都可运用若干标准。三项标准应用的层级越高，它们在组织中的重要性就越大。例如，在产品单一的公司中，职能部门常常是最重要的；在产品多样化的公司中，产出部门往往是最重要的；而在跨国公司，特别是市场高度竞争的跨国公司中，各个国家和地区的市场部门通常是最重要的。

　　大多数重组意味着重新调整劳动分工的标准，以适应变化的内外部环境。如果一个组织在每一层级中全部体现了三种类型的职能，为适应环境而重组的必要性就不存在了（见图4—1）。这样的组织要依

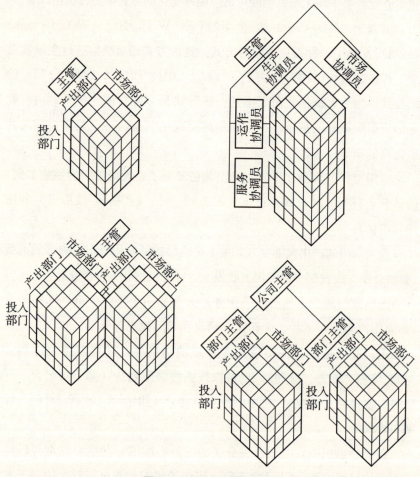

图4—1　多维度组织设计

靠调整部门间的资源配置，而不是调整分工标准来达到适应的目的。换句话说，每一层级的基本机构设置无须经常变动，但是管理者可以，也应该在每层的三类职能之间实现资源重新配置，以适应不断变化的商业需要。

　　Energetics 公司在其优化设计中提供了一个多维度组织的范例。节选如下：

～～～～～～～～～～～～～～～～～～～～～～～～～～～～～～～～～

　　Energetics 公司的组织设置是多维度的，分投入部门（职能）、产出部门（产品或服务）和用户部门（市场）；另外，公司还设置了负责人事管理的行政办公室（见图4—2）。

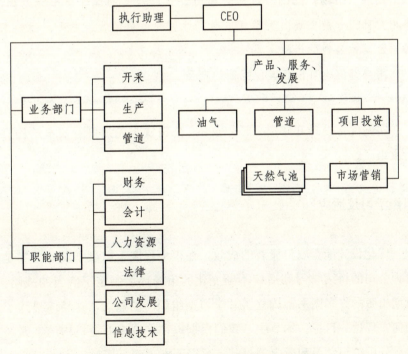

图4—2　Energetics 公司的多维度组织结构

　　行政办公室。除 CEO 外，还有四位管理人员分管业务投入部门（业务操作）、行政投入部门（行政管理）、产出部门（产品和服务）以及市场营销部门。这四位管理人员共同构成了公司的管委会。

产出部门。 产出部门分为三个：油气部、管道部及项目投资部。这些部门由管理人员及少数具备特殊专业和服务技能的骨干人员构成，共同掌管固定资产和运营资金。

产出部门承担产品或服务的盈利任务，负责安排各类活动，将产品或服务推向市场并回笼资金。

投入部门。 投入部门负责开发和提供人力资源、仪器设备和一切产出部门所需的服务。每个投入部门至少要服务于两个产出部门，只为一个产出部门服务的职能部门可并入该产出部门（如只生产一种产品的设备管理部门可并入负责该产品的产出部门）……

用户（市场）部门。 最初的部门设置以油气的地理分布为基础，各用户部门分别负责向天然气池所在地区的用户销售、发送、运输本公司及其他公司的产品。

用户部门也可出售其他厂商的产品。

实施优化设计几年后，Energetics 公司认为无须再对基本结构进行重组了。

组织学习及适应

优化设计能否取得显著的成效，在很大程度上取决于设计方案是否为公司的持续学习和适应不断变化的市场环境制定了恰当的战略。近期出版的许多图书都确立了"学习型组织"的概念，并具体描述了如何实现这一目标。本节中，我们根据以往在许多商业机构的实践经验，分析组织学习和适应的过程。尽管不敢说囊括了这一主题的全部内容，但是我们相信本节能够帮助策划者集中精力处理学习和适应中涉及的主要问题。

首先来辨析一下描述组织学习时将会涉及的几个关键词汇：

● 数据是反映物质和事件特性的符号。数据在加工成信息之前毫无价值，它与信息的关系就像铁矿石和铁，铁矿石如果不冶炼成铁将毫无用处。

● 信息是经过加工的有用数据。它常见于描述中，用以回答"什么、谁、何地、何时、多少"等词语提出的问题。

● 知识常见于指示中，回答以"如何"提出的问题。

● 理解常见于解释中，回答以"为什么"提出的问题。

● 智慧关心的是价值和效果，而以上其他的四项心智形态仅关心效率问题。效率关心的是正确地做事，效果关心的则是做正确的事。

这五个关键词划分了心智形态的类别，构成了一套价值等级，其中数据的价值最低，智慧的价值最高。经验告诉我们，很多组织的时间分配恰恰本末倒置，它们在数据和信息上耗费了太多时间，却无暇顾及理解和智慧。高效的学习需要在价值等级的顶层投入更多精力。

对于理解学习过程，这里还有一个至关重要的概念。听起来可能有违直觉，但我们认为当组织行事正确时，几乎什么也学不到，而只有做了错事时才能学到很多。行事正确只是对我们已知的内容加以证实，因此只能从犯错中吸取教训，然后找出错误进行改正。然而无论是学校还是后来的大多数组织，都教育人们犯错不好，所以人们倾向于否认和隐瞒错误。由于受到"正确方式"和"错误方式"的指挥，即使结果出现错误，我们仍然坚持"正确地"做事。我们却没有意识到，只有应该做的才是正确的事情。彼得·德鲁克曾说："管理是正确地做事，领导是做正确的事。"一语总结出二者的本质区别。

我们能够从两种错误中吸取教训，一种是积极过错，即做了不应该做的事情；另一种是消极过错，指没有做本来应该做的事情。例如，收购一家效益不如兼并方的公司是积极过错，而没有收购一家可能带来更多收益的公司就属于消极过错。

与积极过错相比，消极过错更容易使组织陷入危机。20 世纪 70

年代初石油价格飞升之时，那些没有生产低成本节能汽车的美国制造商们发现，自己再无机会迎头赶上。现在随着混合动力汽车（配有天然气和电力发动机）需求的增加，如果还有公司尚未将这种新型汽车的生产和销售纳入自己的业务领域，那么它们势必要穷追猛赶了。由于财会体系只能辨别积极过错，消极过错通常难以发现，因此在认为犯错不好、应受惩罚的组织里，最大限度地保证工作安全的方法就是什么都不做。这就是造成各级员工都不愿做出变化的主要因素。遗憾的是，在日趋复杂且难以预测的环境中，毫无作为必然导致组织走向毁灭。

在一个无所作为的组织中，个人仍然可以不依赖于组织而自行学习和适应，不过，只有在其身居高位，能够推动变化的条件下，其效果才能被人察觉。我们注意到，一个人的地位越高，他发现错误和吸取教训的能力就越弱。

只有当组织中的每个人都能在需要的时候接触到他人学习的内容（甚至在他人已经离开组织的情况下），这个组织作为一个整体才能算得上真正的学习型组织。这就需要组织捕捉每个人的学习内容，将其储存在系统中，向所有感兴趣的人开放。

因此，组织学习和适应的理想模式需要以下几方面的支持：

- 涵盖五种学习方式——从数据到智慧；
- 涵盖积极和消极两种错误类型，给组织中每位有需要的成员提供相应的学习机会；
- 辨明两种类型的错误，找出根源，加以改正。

正如后文所述，一个组织需要建立一套完善的系统来完成学习和适应的过程。但是，最终的结果足以补偿耗费的时间和成本。

该系统应该提供一种方式来监测至关重要的决策，检查其是否偏离了相关的预期目标以及制定预期目标的初衷。对于偏差，应迅速做出判断，找出根源，制定改正的措施。由于改正措施本身也属于决策的一部分，因此这些决策应被视为初始的决策。当改正过程中的决策

也被纳入监测的范围之内，并在必要时接受纠正时，深层的组织学习
能力方能体现出来，从而加速学习如何学习的过程。

Energetics公司的规划小组设计了一套学习和适应的支持系统，
这套系统体现了上述要求。浏览一下运作示意图（见图4—3），就能
看出学习系统可以做到多么精密。但是，要了解它如何满足上述要求，
并不需要掌握系统的每个细节。下列优化设计的内容重点突出了刚刚
列出的四种支持力量（方块代表功能，并非个人或群体；文中标注的
数字与示意图相对应）。

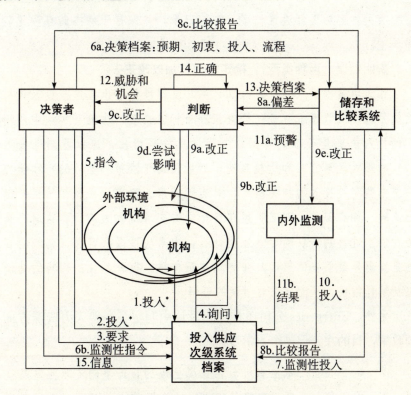

图4—3 学习和适应支持系统

*投入由数据、信息、知识、理解或智慧组成。

涵盖五种学习方式

我们先从投入（1）开始，包括有关组织行为和组织（内外）环境

的数据、信息、知识和理解。投入信息通过投入供应次级系统接收，投入可采取多种形式，如口头或书面、公开或私下均可。（虽然没有提及智慧，但它也应该属于投入的范畴。）

涵盖积极和消极两种错误类型

决策档案（6a）需要记录全部重大决策，无论是属于作为还是不作为。所有决策均只有两个潜在目的：促成本来不会发生的事情，或阻止本来应该发生的事情。（同时应该记录并评估有关不作为的决策。）

向组织中每位有需要的成员提供相应的学习机会

有关内容都要经决策档案（6a）记录，并保存于静态储存和比较系统中。

辨明错误（两种类型），确定根源，加以改正

作为决策档案（6a）的内容之一，监测性指令也应送至投入供应次级系统，次级系统有责任检查预期目标、初衷、决策及实施中所用到的投入信息是否准确可行。上述信息一旦得出，应以监测性投入（7）的形式送至储存和比较系统，然后借助于决策档案（6a）和储存系统中监测性投入的相关信息，对实际效果、预期效果和初始目标做出比较。如有偏差，则证明预期目标没有实现或初衷有误。这时，需要对偏差进行判断以确定做过些什么，本来应该做些什么。判断的目的是找出导致偏差的原因，并制定纠正措施。也就是说，判断的功能包括解释错误，从而建立对错误的理解。

另外，Energetics 公司还在优化设计中制定了一些人力资源方面的政策，目的在于促进个人学习：

● 每位员工都应有机会在直属上级的帮助下制定职业发展规划。对于按公司要求取得的证书、鉴定及技术执照，所需的费用及时间全部由公司承担。

● 公司各级成员均应鼓励、认可并奖励创新，并对创新失败抱以宽容的态度。创新失败应被视为学习的机会，而未能吸取教训应当被视为严重错误。

● 在上级对每位管理者的评估中，都应包括他对下属绩效的评价以及他为下属实现个人发展规划所提供的帮助。

● 公司鼓励员工开发和学习包括能够拓宽和强化智力资本在内的关键技能。

Energetics 公司实施优化设计之后，绩效得到大幅提升，大大超出管理人员的预期。

如果你觉得有必要得到 Energetics 公司优化设计的全部内容，参见第 13 章。

现在我们来看一家全国范围内全面陷入衰退的公司，是如何通过在局部应用优化设计来扭转潜在危机的。与 Energetics 公司的设计略作比较，便可看出不同组织在设计上的异同。

⟳ 连锁超市的生死抉择

大西洋与太平洋茶叶公司（Great Atlantic and Pacific Tea Company, A&P）20 世纪 70 年代初开始陷入严重危机，亏损额的不断上升致使管理者和所有者频繁更换，分店的数量也从 1974 年的 3 500 家减少到 1982 年 3 月的大约 1 000 家。

大都市费城地区是公司危机的缩影，公司在两年内关闭了当地 110 家分店中的 60 家，其中 2/3 是在 1982 年初关闭的。公司认为导致这一局面的主要原因是高昂的劳动力成本。A&P 的员工全部加入了工会，鉴于劳动合同中的资历条款，解雇的人员当中大多是兼职的、较年轻的及薪酬较低的，而高薪的员工继续留任。另外，该公司与员工约定的平均工作年限是当地其他连锁超市员工的两倍，所以其劳动力成本大大高于行业平均水平（劳动力成本占公司营业收入的 15%，行业平均水平为 10%）。很显然，最终 A&P 即使不关掉当地所有的分店，也要关掉一大部分。

温德尔·扬（Wendell Young）是在当地拥有 1 357 名会员的联合食品和商业工人协会（United Food and Commercial Workers Union）分会的主席。针对这种严峻的局面，他早在 1982 年就向宾夕法尼亚大学沃顿商学院的 Busch 中心寻求帮助。他想探讨一下 A&P 费城地区更多分店即将关闭的问题，以及能够做些什么以防止这一局面出现。讨论以 Busch 中心主任贾姆希德（Jamshid Gharajedaghi）为首展开，结论是由工会出面组织其成员将一小部分行将关闭的分店买下来经营。扬仍然心存犹疑，他不知道工会能否在公司失败的原地起死回生。

1982 年 3 月初，尽管 A&P 公司内部传出反对出售分店的声音，工会依然要出价购买。两周后，工会宣称有 600 名成员每人出资 5 000 美元建立购买基金，公司最终同意向工会出售分店。

工会经营的两家分店获得成功后，员工和工会代表开始为经营工会所有的 A&P 分店进行优化设计。在设计的过程中，很显然，员工们掌握的大量相关知识是以前的所有者从未尝试使用的。员工们参与到优化设计中后，他们的知识和理解催生了新型的组织形式、参与式管理和一些新的培训项目。工会原来的职能不过是组织会员、议定薪酬、养老金管理等等，而这一切使工会远远脱离了它的传统角色。因此，无论是管理者还是普通员工，都怀疑工会是否有些"不务正业"，但是工会在优化设计方面一直勇往直前。

工会所有和经营的分店蓬勃发展，A&P 的管理层也开始反思自己的处境，并考虑采用其他方案来替代大规模的关张。于是，A&P 公司与工会及 Busch 中心一道发起了"工作生活质量计划"。谈判促成了 A&P 公司与工会之间的协定，内容包括以下四点：

● A&P 公司同意重开至少 20 家分店，并给予员工机会购买其中的四家。这些工作由 A&P 的新建子公司"超级鲜度"（Super Fresh）来完成，子公司的名称旨在创造一种以所有分店都出售新鲜食品为代表的崭新形象。公司标识也从大众熟知的红色"A&P"变为绿色的"超级鲜度"。

- 当地员工同意缩短假期，并将每小时报酬削减 2 美元。

- 当劳动力成本控制在经营收入的 10％ 以内时，员工能够获得相当于总销售额 1％ 的分成。当劳动力成本超过 10％ 时，该比例下调；当成本降至 9％ 以下时，则该比例提升。事实上，劳动力成本确实降至 9％ 以下。

- 公司推出了"工作生活质量计划"，在各新开的分店及时启动。

随着分店数量的不断增多，工会和员工们意识到需要进一步规划，以确保组织规模扩大的成功。截至 6 月中旬，形成了三个由新建组织各级人等参与的设计小组，上至"超级鲜度"的总裁及员工，下至各级兼职检验员。每个小组都为整个组织完成一份优化设计。设计小组代表将不同方案整理汇总成一份，准备提交全体成员修改通过。9 月中旬，第一批新建分店开业了。

下面是设计方案的一些相关内容：

"超级鲜度"采用二/三级组织形式。第一层级为公司，表现为以下几个方面：

产出部门。产出部门（分店）的职责是完成组织目标。设立其他部门的目的只有一个，就是促进分店经营。产出部门需做到自给自足，可在不影响整体统一的条件下实行自主管理。

投入部门。投入是指支持产出部门所需的服务。为控制公司规模与技术投入，减少地域分散，投入部门最好只设在公司一级。投入部门也可实行部分自主管理。

环境部门。环境部门的两个主要职能是营销和宣传；也就是说，吸引客户，与外部利益相关方签订合同，在公司内部倡导它们的观点。

规划委员会。规划是全面协调和整合投入、产出和环境部门的行为过程。规划委员会是组织的主要决策机构，充当"超级鲜度"各级参与式管理模式的载体。这能使下属的信息、判断及关心的问题反映到与他们的利益相关的决策中来。规划委员会的一项关键职能就是不断评估公司、分店和部门向目标努力时取得的每一次进步（通过管理支持系统的反馈），并在必要时制定新的目标。分店一级的规划主要指向分店的内部事务，涉及一家以上分店的规划应由公司完成，每家分店都可以设立规划委员会，每位员工都可参与其中。

第二层级为分店内设部门，组织原理与公司一样，分为五个方面。

随着"超级鲜度"经营的分店不断增多，将来可在地区部门下设第三层级。

"超级鲜度"设计方案的效果

1983 年 4 月 3 日的周日版《费城询问报》（*Philadelphia Inquirer*），简·谢弗（Jan Shaffer）在一篇文章中写道：

自 8 个半月前第一家"超级鲜度"食品超市在费城开业以来，它因员工参与的突破性管理模式而受到欢迎。这家连锁超市作为 A&P 的子公司重获新生，目前看来极具发展潜力，A&P 公司正在努力寻找向全国扩展的机会。"超级鲜度"模式的初衷是挽救行将倒闭的分店，而现在却用来改革 A&P 公司的全部分店。

如今，"超级鲜度"已经在全美拥有 128 家分店。它已经走出特拉华大峡谷，进入宾夕法尼亚州的其他地区，以及新泽西州、特拉华州、马里兰州、弗吉尼亚州及哥伦比亚特区，甚至在加拿大也开办了"超级鲜度"分店。

小结 〉〉〉〉〉〉〉〉〉〉〉〉〉〉〉〉〉〉〉〉〉〉〉〉〉〉〉〉〉〉〉〉〉〉

　　本章列举了两个优化设计的实例，旨在反映不同组织的设计方案各有异同。通常的共有部分包括民主层级、内部市场经济、多维度结构及学习和适应支持系统等内容，然而即使是共有部分的细节也会有所不同，如此才能充分体现组织的独特性。

　　并不是每个组织的设计方案都包含我们总结的几个重复特性，缺少某些特性的组织应认真考虑设计所针对的问题，以确保自己的方案能够妥善解决面临的问题。

　　优化设计中指明的公司特性应使其与同类的其他机构有所区分，内容应随着设计的展开而不断变化。优化设计是一个既要自然演进，也要人为改进的持续过程。

　　下一章中，将说明优化设计如何在非企业机构中实施。尽管这些机构可能和企业面临同样的问题，但是它们必须根据自身所处的环境采取独特的方式加以应对。

第5章

非营利组织和政府机构

> 优化设计的过程赢得了全面的认可，所有利益相关
> 者都能畅所欲言，成为设计方案的"主人"。
>
> ——某戏剧学校校长

非营利组织和政府机构的优化设计不同于企业，此类
机构的构成及功能变化多端，因此无法具体指出它们的设
计方案应包含哪些内容。这种设计原则上应考虑到组织自
身独特功能的需求。实际上，许多非营利组织和政府机构
都恰到好处地整合了我们在介绍企业设计时提出的一些要
素：民主层级、内部市场经济、多维度结构及学习和适应
支持系统。

本章中，我们介绍两个非营利组织和一个政府机构。实
例表明，此类机构也能从优化设计的过程中获益。首先，我
们来看一个文化机构，它需要采取大胆的措施对未来做出
规划。

戏剧学校的重塑

声乐艺术学院（Academy of Vocal Arts）是费城一所小型的戏剧培训学校，该校认为自己已经跻身于一流戏剧学府的行列，但在1997 年却发现自己的看法并没有得到戏剧界的普遍认同。当时的声乐艺术学院只能依赖少数几个赞助方，知名毕业生也没有与母校建立或保持联系。该校一向低调，很少进行自我宣传，所以没有引起媒体关注。此外，该校只在申请的学生中择优录取，从不主动招徕优秀的生源。

校方有许多人都认为，想成为公认的世界级戏剧学校，就要向最具潜力的学生证明声乐艺术学院是成就他们事业的绝佳舞台，而这又需要让外界了解学校独特的教学项目和优越的条件。

学校的管理层和董事会商讨了一系列行动方案，最终一致认为要增加董事人数，使更多的人能积极参与到组织中来。他们还要提高教员对学院管理的参与及配合程度。一些人提出吸收学生参与学校政策的制定过程，而此前学生认为，自己没有任何机会发表意见，以使学校更好地满足他们的需要。许多想法浮出水面，但没有得到广泛的讨论，因此缺乏落实所必需的支持。各利益相关者对学校的走向根本没有达成共识。很显然，如果不采取一种全新的方式来规划前景，改革很难取得突破性的进展。

学院的管理层从互动管理研究所（Institute for Interactive Management）的成员那里听到了优化设计这一概念，决定对整个学校实施优化重组。首先，他们召集近 50 名利益相关者组织了一次全天的会议，与会者包括学生、教员、职员、校友、董事会成员、资助人及管理人员。他们将与会者分为四组，每组都由不同类型的利益相关者构成，并且按要求每组都要起草一份优化设计方案。

在会议的中途，各小组重新组合，互换设计方案。然后小组成员回归原组，对其他小组的设计方案中自己较为欣赏的部分进行整合。随后，一个包含各类利益相关者的 10 人战略规划小组将所有设计方案汇总成一份。接下来的几个月，战略规划小组会不断充实方案的细节，从宏观的角度考量设计方案。而最终方案恰恰体现了管理层和董事会所追求的核心目标。

吸引最优秀的学生

方案提出，要资助最具潜力的学生，使来到声乐艺术学院学习变成一个极具诱惑力的选择。学校一改坐等学生的传统，大胆地利用媒体让更多的学生和公众了解自己。学校管理者开始出席各类戏剧节目及演出，四处搜罗人才。教职员工也积极参与招生，在校学生也全力配合。

学校还安排杰出校友及其他人才与潜在学生交谈，描述戏剧界的生活，告诉他们如何踏入这一多彩的世界。

规划者意识到，仅凭媒体宣传和校友参与还不足以吸引最优秀的学生。纽约的大都会歌剧院出资邀请学生参加它们安排的实习演出，与声乐艺术学院展开了激烈的生源争夺战。优化设计的过程使学校管理者意识到，他们也需要提供至少像学费全免和生活补贴这样的优厚待遇。此外，他们还必须说服潜在学生，让他们相信来声乐艺术学院学习比参加大都会的实习演出更具吸引力。办法之一是在校内节目和附属戏剧公司表演中开放更多的主要角色，它所传递的信息是：学校支持学生发展，与实习演出相比，学校能让他们更早地担任主角，获得认可。

扩建和改善设施

规划者准备提供顶尖的设备以提高训练效果。依照设计方案，学校将提供个人培训教室、隔音练功区及大面积观赏区。在设计会议第一阶段结束时，50 名与会者无一例外地认为，要实现设计方案，学院必须买下隔壁的楼房（学校坐落于费城中心区的一排褐色沙石建筑中），这样可以使现有校舍规模扩大一倍。于是，包括一名房地产经纪人在内的三人小组前往拜访学校的邻居，讨论买卖事宜。经过一系列协商，邻居同意出售房屋，但在一段时间内租用其中的一部分。接下来的问题就是如何募集买房的资金。由于管理层已经对如何使用新校舍进行了大胆而周密的设计，结果他们发现募集所需的资金并没有想象中那么困难，其中仅通过一个渠道就获得了 250 多万美元。

提升演出的数量和质量

设计者们明白，要争取媒体和公众的关注，就必须推出上座率高的戏剧节目。设计方案提出，要增加表演场次及巡演地点，以此提升学校的公众知名度，吸引更多的人观看学校的戏剧演出。

为了获得媒体报道，学校邀请了杰出的歌手参加演出，杰出校友也应邀参加。他们的加入吸引了地方和全国的报纸电台，一家费城的广播电台开始报道学校的成绩。2004 年，全国公共广播电台介绍了学校一名在纽约大都会歌剧院首演的学生，由此引发了全国性的关注。

募集资金

学校的优化设计方案包含提高媒体曝光率，不仅为了吸引更好的生源，也为了吸引更多的资金以增加公演的次数，并为半数以上的学生提供助学金。这一策略取得了显著的效果。

因为各类利益相关者都参与了优化设计制定的过程，无论是董事会成员还是教职员工都成为设计方案的主人，所以方案的实施得到了全面的支持。董事会成员非常看好设计方案所呈现的美好前景，他们满怀热情地寻找基金组织和其他潜在的出资者。学校受资助的项目不仅增多了，获得的捐赠也较以前增加了一倍。用学校校长凯文·麦克道尔（Kevin McDowell）的话说："优化设计的过程赢得了全面的认可，所有利益相关者都能畅所欲言，成为设计方案的'主人'。"

在优化设计大部分内容得到实施的五年之后，学校重复了优化设计的制定过程，在总结实施过程中的经验和教训的基础上，进一步更新了以前的设计方案。

如今，声乐艺术学院的四年制教学项目极为抢手，它自称是唯一学费全免，专门从事声乐教学的学校。目前，学校推出的一项最新举措是，实施优化设计中提升学校国际知名度的相关部分。学校准备参与更多的国际戏剧节目及演出，使潜在学生更多地了解学校，也使世界更多地了解在校的学生。

如果你觉得有必要了解声乐艺术学院优化设计的全文，可以在第14章中找到。

接下来的一个案例是一家医疗机构，它依靠优化设计摆脱了不断恶化的财务状况。

⟳ 访视护理面临财务危机

如何为那些既没有医疗保险，也无力聘请私人医护的人提供医疗保健，这是一个全国性的问题。幸运的是，许多慈善机构和医院替国家承担了部分开支，其中包括访视护理团体。但遗憾的是，这些机构自身的财务状况也日渐捉襟见肘。

截至1981年，费城社区家庭健康中心（Community Home Health Services of Philadelphia，CHHSP）作为一家非营利机构，已经提供了90多年的家庭访视护理服务。然而，当年中心的财务赤字已经高达

52 万美元。那一时期它们能够提供的护理访视次数也大幅下降，仅在 1980 年，病人拖欠的债款数额就增加了一倍多。

随着中心正常运转变得愈发窘迫，客服主管在绝望中辞职。一个自发组成的监事会找到中心的理事会，就机构内部情况提出抗议。管理层却以僵化的操作程序做出回应，导致员工士气恶化。1981 年 9 月，为应对面临的压力，中心的职员组成了一个专业性的社会团体，并推举全国医疗从业人员总会（National Union of Hospital and Health Care Employees）作为集体谈判代表。通过加盟，工会的力量大大加强，仅从开支角度就对业已入不敷出的中心构成了威胁。

费城社区家庭健康中心在财务上依靠医疗保险的实报实销和慈善捐赠。以前并不存在竞争，但是宾夕法尼亚州取消了医疗执照限制，于是为众多竞争者敞开了大门。这些竞争者主要向有偿付能力的病人提供服务，这对于无条件接收患者的费城社区家庭健康中心而言，有能力付款的病人减少了。1981 年底，中心财务到了崩溃的边缘。

管理团队将问题主要归咎于管理信息系统的缺陷，他们认为系统未能传递做出正确决策所需的适当信息。1982 年初，中心执行董事向宾夕法尼亚大学沃顿商学院的 Busch 中心寻求帮助，说明费城社区家庭健康中心想要开发一套行之有效的管理信息系统的意图。Busch 中心在进行初步研究后建议，不应只针对管理信息系统，而应对整个中心发起优化设计。中心的一些人起初反对这一提议，但最终还是同意了。于是在 Busch 中心约翰·波德南德（John Pourdehnad）的领导下，双方出人组成了一个小组。这个小组倡导通过一个互动式规划过程来整治眼前的"烂摊子"，其中优化设计起到了重要作用。

由于费城社区家庭健康中心共有 400 多人，不可能全部参加设计过程，因此，抽取各类利益相关者共 50 多名组成三个志愿设计小组。工会也接到了邀请，但考虑到正在进行的劳资合同谈判，工会没有参加。

在梳理中心谜团的过程中，设计小组发现了隐藏在机构传统中的一些问题。多年来，机构的管理层形成了官僚主义、集权、等级制的作风，脱离了一线职员，只注重公文往来和实施机械的规则。这直接导致参与意识下降，共同愿景缺失，进而在追求中心既定目标时，出现了员工精力涣散的局面。

1982年3月，在梳理谜团完毕之后，三个小组分别着手优化设计。每个小组在三周内都完成了一份初步方案，然后他们将之汇集成综合方案，最终形成了一项宗旨。宗旨中最重要的部分是令费城社区家庭健康中心实现财务独立，尤其要对付费患者大力推行中心的服务。

接下来，设计小组就将精力集中在改进组织结构和运作上，包括纠正官僚习气。小组针对提供各项服务的职能部门提出了一系列改革措施。改革的中心就是在每个部门中设立一个5～7人的医疗小组，负责护理病人、管理病例以及协调相关部门。每个医疗小组可以选出自己的组长，但根据目前设想医疗小组最终要实现自我管理，因此无须指定组长。另设有奖励机制，以鼓励小组内及小组间的合作。

每个职能部门都有自己的辅助人员，包括人力资源、财务、信息系统及营销等各个方面。这种功能配置就是全中心的翻版，也就是说，每个职能部门都是一个微型的费城社区家庭健康中心。设计建议设置适当的培训项目，激励和促进个人一专多能。此举将提高人事任用的灵活性，从而提高职能部门的效率。预期效果是大力改变机构作风，将权力从机构中央下放到各职能部门。

优化设计完成后，设计小组意识到理想与现实的差距。他们经历了优化设计一开始的摸索阶段，决定最终设计方案应在未来五年达到以下四项主要目标：（1）构建中心实力；（2）拓宽转诊渠道，加强现有关系；（3）增加服务类型；（4）建立与其他家庭医疗志愿机构的沟通网络。综合考虑，实现以上目标必将扭转财务状况。

优化设计小组从利益相关者当中召集了16名志愿者，将他们分为四个小组，每组设计具体方法以实现上述一个目标。不仅要设定目标和日程，同时要制定一套监控程序，以及对偏离预期和初衷的纠正措施。

完成了最初的优化设计方案之后，实施过程（参见第 1 章）中就已经出现了重大变化，其中包括：

● 费城社区家庭健康中心重组为一家名为"费城家庭健康"（Philadelphia Home Health Care）的母公司，下辖数家以营利为目的的子公司。

● 改变了以往的患者接收政策，现在要求每一名接受免费服务的患者介绍七名付费患者就诊。

● 除了增加所提供服务的内容外，原来周一至周五，每天朝九晚五的服务时间也延长至全天候 24 小时服务。

● 同一家医疗器械的主要供应商创办合资企业，建立包括新老患者在内的消费者顾问委员会。

● 与工会商讨签订新的劳动合同，让所有利益相关者都认为有利于自身。

根据新的患者接收政策，一名免费患者的花销由七名付费患者抵消，自此财务状况彻底实现了扭转。

截至 1984—1985 财政年度，中心收入增长了一倍，达到 800 万美元，实现了扭亏为盈。经营和器械资金都大幅增加，员工薪水和福利也有所提升，效率显著提高，管理费用降低，人才流失和缺勤现象也明显减少。

最后的案例是一家设在白宫内的政府机构，该机构通过设计民主结构来应对面临的压力，从而提高了效率。

↻ 重整白宫通信

白宫通信局（White House Communications Agency，WHCA）为白宫军事办公室的下属机构，负责出入白宫的一切通信活动。白宫军事办公室主任由总统直接任命。

白宫通信局的成员大部分从五大军种（陆军、海军、空军、海军陆战队及海岸警卫队）中抽调而来，指派到通信局工作的人很多以四年为限，工作期满后返回自己所属的军种。除了一小部分文职人员外，通信局的其他成员根本没有把那里的工作当成自己的职业，因此毫无敬业精神。当通信局的领导决定实施优化设计时，由于缺乏敬业精神，大部分成员的积极性很难调动起来。这个案例中有关重组的内容和最终结果向规划者们剖析了在政府重组时可能遇到的机会和障碍。以下内容节选自一篇关于通信局设计的文章，我们做了部分改动。[1]除了对文字进行简单的调整之外，为方便阅读，我们略去了省略号。

白宫通信局是联邦政府中负责满足美国总统及其职员通信需求的部门。从较为普通的非保密电话，到听众高度集中的公众演讲，再到特殊的密码电文，通信局都要协助总统办公室尽快满足通信需求。

从最狭义的角度来讲，通信局的客户只有美国总统、副总统及总统夫人，但其服务对象也包括参谋长、行政办公室、国家安全局、国防情报系统机构、美国特勤局、总统职员及"其他指定对象"。从最广义的角度来讲，通信局的客户包括全体美国公民和自由世界。

白宫通信局发起的改革措施旨在推动集权式管理向民主式结构转变。在这一过程中，白宫通信局先试用了爱德华·戴明（W. Edwards Deming）的方法，聘用一些十分出色的助手作为顾问和教练，开展持续性改良活动。接着又试用艾科夫的方法，聘请艾科夫本人作为顾问兼指导，同时聘请其助手进行组织设计。

一开始，白宫通信局没有想到要对整个机构进行重组。与20世纪90年代初联邦政府的许多机构一样，通信局也感受到改进工作流程的压力。在聘请杰拉尔德·苏亚雷斯博士（J. Gerald Suarez）（1992年任流程改进办公室主任）之前，白宫通信局曾雇用外部顾问协助发起流程改进的相关措施，然而通信局的性质限制了外部顾问所能起到的

作用。的确出现了某些局部改善，比如这里的行政流程，或是那里的
人事流程，但系统流程没有得到根本改善。截至 1994 年，通信局的流
程改进项目依然没有出现理想的结果。

　　1994 年秋，共和党执掌国会。国会削减预算的态度增加了白宫通
信局结构改组的压力。为了应对压力，通信局选择采用艾科夫阐述的
互动式规划及优化设计等理论。苏亚雷斯博士和流程改进办公室进一
步推动了重组；艾科夫及助手，包括约翰·波德南德和贾姆希德负责
对机构进行指导，并提供战略性建议。然而真正进行新结构设计的却
是通信局的内部成员。

　　通信局指挥官约瑟夫·西蒙斯（Joseph J. Simmons）上校和执行
办公室（通过优化设计）做出了结构重组的决策。重组后的通信局划
分成八个"理事"（directorate），各自有其特定任务，支持通信局的
整体目标。理事又分为投入部门（技术或职能部门）、产出部门（产品
或服务部门）和市场部门（客户或用户部门）。投入部门提供目标支持
服务（供内部使用的服务），产出部门提供目标实现服务（供外部使用
的服务），市场部门提供客户支持服务。

　　参与式管理的概念与传统的军事化管理风格并不相容，而军事化
作风一直是白宫通信局的一大特色。1997 年，通信局终于可以说，其
参与式管理充分证明了自己自 1992 年以来取得了多大的进步。然而，
如果没有相关的组织机制作为参与式管理的支撑，通信局在与根深蒂
固的命令服从模式斗争时很难取得任何进展。为了在重组中提供这样
一种机制，通信局综合采用了管理委员会制，这一机制是艾科夫在其
"循环组织形式"这种有关民主层级的理论中创立的（Ackoff, 1994）。

　　每位身居要职的成员都应配备一个管委会（管委会的构成和职能
类似有关 Energetics 公司设计的相关内容，参见第 7 章）。一开始，人
们可能认为管委会的设立大大增加了开会的次数，一个人根本不可能
参加各种会议。事实上，管委会的结构不仅减少了开会次数，而且一
并减少了会议纪要、电子邮件及误传的数量。苏亚雷斯说："团队技巧

尽管不是管理互动交流的充分条件，却是一个必要条件。设立管委会就是通信局管理互动交流的具体方式。"

此次重组还创立了顾客支持理事，提供客户和通信局人员间的双向联络。创立这一理事为理解和满足客户需求提供了一条集中、主动的新途径。

通信局也运用管委会结构作为对上对下的绩效评价机制。每年下属成员都要一同决定他们的顶头上司可以做些什么令他们（下属）更出色地完成自己的工作，他们会将自己的建议排出先后次序，当面递交领导。领导可能同意、不同意（但要给出理由）或者要求一段时间（比较有限）来考虑。反之亦然，领导也要对其下属提出提高绩效的建议，下属成员也可以做出如上三种反应。这一过程也需要用到客户反馈。（在新的结构中，员工可能只有一个领导，却有许多客户。）

在原有结构中，一个人如果擅长某项工作，他就固定在这一职位上。（新体系）设计了轮岗制度，以确保个人发展。客户反馈有助于认清技术差距，促使通信局及时安排培训。重组还解决了频繁外出员工的培训问题，新设计的指导组合方案能使这类员工随时进入学习环境。

现在通信局还设立了迎新活动，向新员工介绍信息系统以及通信局的互动参与式管理模式。迎新活动还有助于将新员工对自己军种（陆军、海军、空军、海军陆战队和海岸警卫队）的忠诚扩展到通信局中来。

不难想象，白宫通信局在完成了整体重组后，依然继续着流程改进活动，尤其是有关规范新流程的部分。通信局一如既往地改进着工作流程。

白宫通信局为整个体系做了基础性改革，苏亚雷斯对前景非常乐观。他说："管委会体制给了员工话语权，我们给了员工民主，这是对军事体制的重大变革。管委会体制使员工关注对通信局有利，而不仅仅是对他们自己部门有利的事情。"艾科夫说："我不知道这种模式能否与世长存，但即便最终失败了，我们也能吸取很多经验教训。"

实施优化设计带来了许多积极的效果，包括：

- 将机构内 16 个独立部门削减为 8 个独立理事。
- 为新员工设计了为期两周的教育活动，向他们介绍白宫生活和白宫通信局的职能。
- 为重要流程配备文字、图标说明。
- 将文职要员的数量从 5 名增至 12 名，增加了关键岗位的稳定性和连贯性。
- 在满足总统通信要求的前提下，减少外出执行任务所需的员工和设备数量。

虽然重组获得了成功，但由于后来高层领导的更换而没能持续下去。作为白宫通信局的领导，西蒙斯上校（后升为准将）的支持对于设计的操作实施至关重要。后来他得到提升，掌管白宫军事办公室，也就是白宫通信局的上级机构。他将苏亚雷斯带到白宫军事办公室进行指导，发起一场类似的改革。但 2000 年政府换届，西蒙斯上校为他人取代，他的继任者选择放弃改革，结果前功尽弃。

如果你认为有必要了解白宫通信局优化设计的全文，请参见第 15 章。

小结 〉〉〉〉〉〉〉〉〉〉〉〉〉〉〉〉〉〉〉〉〉〉〉〉〉〉〉〉〉〉〉〉〉

优化设计适用于各类非营利组织和政府机构。

即使是非营利组织也必须有所收益，不管什么来源，其收入必须等于或大于支出，否则就无法生存。很显然，在国家经济状况不佳时，依靠外部提供补贴的非营利组织很可能陷入财务危机，如果能实现经济自给自足就会安全许多。即便是自给自足的机构，补贴依然会促进其潜在发展。

　　由于非营利组织通常不能向其服务对象收取费用，它们要么依靠补贴，要么开发其他的收费项目。前者的优化设计中，潜在或实际的资助方至关重要，而关乎后者成败的关键是潜在"客户"。因此，非营利组织进行优化设计时，利益相关者参与比企业更为关键。

　　政府机构和非营利组织的要求大致相同，其运作必须保持支出与分配的资金（不管什么来源）相互平衡。利益相关者也要参与优化设计的过程，这样才能增加成功的可能性。

　　下一章中，将让你了解优化设计如何用于大面积改进工作流程，因为流程问题通常是组织缺陷的根源所在。

第 6 章

改进流程

我从未见过如此受欢迎的系统。

——某大型制药公司副总裁

优化设计与二次设计截然不同。二次设计主要是在不改变整个系统的前提下对部分流程进行改进，然而我们认为，评价针对系统某部分变革的主要标准是其对整个系统的效果，然后才是对该部分的效果。在优化重组中，要充分考虑到有待重组的流程与其所属系统间的互动。因此，流程及其所属系统的相关方面都要进行重组。二次设计只会带来流程的改进，其所属系统没有丝毫改变，而优化设计通常对二者都进行了重大变革。

在本章中叙述的案例证明了优化设计可以应用于各种流程的改进，包括一家石油公司和一家电动机制造公司。这些案例都涉及创立内部经济（市场）的问题，包括一家大型制药公司和一家掘土设备制造公司。由于公司类型多样，优化设计没有固定的模式和内容，其流程和内容必须根据所要改进流程的性质做出调整。但是，这些实例都突出了将流程所属系统列入优化设计的重要性。

↻ 内部市场转化内部垄断

以下两个案例讨论的是由内部垄断机制提供内部所需服务的问题。经优化设计后，两家公司都在一定程度上引入了内部市场经济，绩效得到显著提升，成本大幅下降。两家公司的内部交易模式也产生了重大变化。

↻ 公司计算服务引入竞争

这是一家大型石油公司，按规定，公司各部门都要使用内部计算中心提供的服务。计算中心接受公司总部的财务补贴，这意味着使用中心服务的部门并不直接支付费用，但是显然它们依然通过缴纳企业管理费的方式间接承担中心的开支。

公司内部部门经常抱怨计算中心的服务，它们说计算中心效率低下，丝毫不理会它们的需要。反过来，计算中心还抱怨其他部门毫无必要的优先要求，从而导致时限苛刻得几乎难以满足。此外，计算中心认为，它们要做的许多计算都没有意义，之所以有人提出要求，只是因为用户错误地认为服务是免费的。

一位新上任的 CEO 注意到，计算成本迅速逼近人力成本。他要求做出相关研究，对计算中心的服务进行评估，进而决定是否与成本相称。初步调查得出两点结论：第一，无法对炼油厂和运输部门的产出明细进行实验性评估，因为相关管理人员随意改动这些数据，而他们并没有将这些改动记录在案。第二，调查人员断定，只要计算中心还是一个接受补贴的垄断部门，就不可能提供满意的或用户认可的服务。此外，调查结论还显示，只有用户才能对计算中心的价值做出判断。

有关计算中心与其用户交流的优化设计由公司所有利益相关方代表发起，这样可以保证设计方案照顾到的不仅有计算中心，还有接受其服务的各用户部门。最终出台的优化设计方案有以下几大特点：（1）计算中心收取服务费，转变为利润中心；（2）允许内部用户使用外部的计算服务；（3）允许内部计算中心以任何价格向任何客户（包括外部客户）出售自己的服务。

很快，计算中心大幅削减了使用设备的数量，但是现在它的对内服务大都能令内部顾客满意，另外，其对外服务获取的利润也不断增长。

因为内部用户也要向计算中心支付服务费，所以一开始很多内部用户争相选择外部服务商。然而在它们仅仅保留绝对必要的计算要求后（现在要为各种要求付费了），又重新选择了内部服务，它们发现计算中心的服务受到外部客户的交口称赞。

当自产产品或服务必须与外界竞争时，就无须人为地设定标准了，因为不能与外界有效竞争便无法继续生存。

转让价格问题的解决

一家公司的两个大型部门常有摩擦。较大的部门负责生产发动机，并销售给设备生产商，而较小的零配件部门负责向分销商提供电子设备的替换零件，也包括第一个部门所生产的那种发动机的零件。由于两个部门都属于利润中心，因此第二个部门购买发动机时必须向第一个部门支付价格，转让价格由公司确定。与许多面临转让价格问题的公司一样，这家公司的两个部门对强行规定的内部交易价格极为不满。

对于生产部门而言，转让价格低于外部客户支付的产品价格。所以，每次它按要求与零配件部门交易时所获利润都不如对外交易高。另一方面，有时零配件部门本来能以更低的价格从外部购进发动机，却无法得到公司允许。留有存货的外部供应商愿意采取边际定价的方法清仓，因此只能从内部购买发动机的规定导致了零配件部门成本增加。

该公司 CEO 邀请宾夕法尼亚大学沃顿商学院的 Busch 中心协调两部门间的矛盾，并且尝试确定一个合理的转让价格。几乎无须调查就能发现，根本不存在合理的转让价格。所以，研究小组就两部门的交流发起了优化设计，出台的设计方案允许生产部门以任何价格向任何客户出售自己的产品，但负责该部门的副总裁可以表示反对。而零配件部门也可以从任何渠道进行采购，但同样可以被主管副总裁否决。副总裁可以强行要求产品内部转让，但在这种情况下，他要补偿生产部门薄利销售和零配件部门高价进货所遭受的损失。因此生产部门出售发动机的价格不会低于自己的期望值，零配件部门也不会支付高于预期的价格。

很显然，因为副总裁也属于利润中心，以其管理部门的盈利为收入基础，所以他需要衡量否决对外交易的成本和保有内部交易的收益。年终公司的执行委员会审核发现，否决对外交易耗资巨大，很不划算。第二年，副总裁大大减少了强制否决的次数，两部门的收益都有所增长而且开始相互配合。如果生产部门还有存货，就会向零配件部门减价销售（与外部供应商的价格相当），当生产部门的要价与外部竞争者较为接近时，零配件部门也会选择内部采购。

如前所述，正是因为优化设计涵盖了转让价格确定流程所属的整个系统，公司才取得了成功。

↻ 转变采购流程

1999 年，格雷格·布兰迪贝里（Gregg Brandyberry）担任葛兰素史克公司（GlaxoSmithKilne）采购流程支持全球小组的负责人。葛兰素史克是一家以研究为基础的跨国制药公司，格雷格·布兰迪贝里的全球小组负责设立及实施具体的系统和流程来协助支持采购的开展，包括合同管理、订货、开支分析、设置报价要求、确保供应稳定、供应商监督与合作等。每年公司采购方面的开支为 120 亿美元，所以该组的表现对公司业绩起到至关重要的作用。

布兰迪贝里担任小组负责人后，发现内部客户认为小组无视他们的需求。内部客户觉得现有系统缺乏条理，效率低下。他们告诉布兰迪贝里，系统好像都是"专家"设计的，丝毫没有考虑用户的意见。

现有的供应合同管理体系最能说明存在的问题。由于系统太过烦琐，采购员大多自行准备合同，并存放在自己的抽屉内。结果，没有一个全球统一的方式找到合同存放的位置，搜寻合同时要耗费大量的时间精力。相关人员离开公司后，合同通常也就随之丢失了，经常需要（尽管十分尴尬）向供应商索要合同原本。

采购员没有系统接触到高水平的合同范本，许多合同都是在没有咨询律师意见的情况下自己起草的。最终公司的法律部门被迫修改大量不规范的合同，导致了沉重的工作负担。

布兰迪贝里想将系统逆转，这样用户就能取代"专家"驱动设计流程了。他要从自己的管理团队中选拔一名熟悉优化设计的成员，负责教育其他组员，并与他们密切合作。全球小组邀请各个利益相关方参与优化设计。这样不仅改变了利益相关方对全球小组的消极认识，而且切实改进了优化设计方案。

全球小组首先从重组供应合同系统入手。三个每队 10 人的小分队参与了最初半天的设计讨论。接下来的八周里，一个五人的核心小分队模拟计算机显示屏，充当信息交流代表。全球小组还邀请用户参加公开午宴进行审核讨论，为设计方案提供自己的意见。12 周后，一套新的合同管理网络系统就设计完成并投入使用。

设计实施的新系统有以下几个关键特征：

● 设计者想在读完 30 页合同前快速了解合同的目的及关键条款。为做到这一点，设计者为每份合同设计了标准化概要，包括合同起止日期、供货商名称、合同管理人及合同产品或服务简介等信息。这样能迅速了解合同内容，便于进一步考虑中止合同的风险、战略关系及如何与供货商协商等问题。

● 设计者要在系统中加入经法律部门事先批准的高质量的合同范本。系统中的范本涵盖各类合同，例如包括咨询、广告、临时工和研究服务等。范本内容包括支付条款用语、合作中止计划、质量审计、运输条款、知识产权、费用明细等。范本加速了合同的订立，有助于确保合同没有遗漏任何法律、法规及商业方面的最新要求，使合同的全面性得到保证。范本还使合同审查变得更加迅速，因为律师可以将经过编写的合同草案与原始范本进行电子比对，从而一眼看出变动，无须逐页查找。这一特点大大减少了因合同审查造成的延误。此外，由于合同管理人每次使用的都是最近更新的范本，"掺水"合同的数量会越来越少。以前许多管理人在与供货商订立合同时，都会寻找一份类似的现成合同做参考。这样的结果往往不尽如人意，因为参考合同的某些条款已经做出了不利于公司的变动。

● 新体系还能为合同即将到期或自动延期发出预警。这样有助于确保合同的延续，防止出现合作中止。

● 用户可以集中查找合同的某一具体方面，比如供货商、产品或服务、合同管理人、合同标的额及终止日期，合同查找由此变得方便快捷。以前找到合同的某项内容要花几小时甚至几天的时间，现在几秒钟内就完成了。

● 全球使用统一的系统也大有裨益。合同内容一目了然，全世界的合同管理者都能看到现有的合同模板并引以为鉴，使价格及合同条款的订立更加明确规范。

这套系统得到了整个采购部门的接受和交口称赞。一位副总裁评价说："我从未见过如此受欢迎的系统。"

接下来，管理小分队利用优化设计建立了一套系统，使采购员能够查找分析公司在全球向哪些特定供货商支付了多少价款、谁支付的、从每位供货商处购买了什么、产品或服务的价格等信息。这些信息能够辅助相关人员与供货商进行有效协商，因此具有十分重要的意义。对于葛兰素史克这样在 70 多个国家经营的全球性企业而言，搜集整理上述信息需要大量精力，但是结果会证明付出的一切时间和成本都是值得的。在使用这套系统之前，采购员不时会向供货商索取上述信息，这不仅令他们感到尴尬，也降低了他们在协商中的地位。

布兰迪贝里的小分队为采购员安排了多次优化设计讨论，以便先确定需要什么信息。然后，他们在计算机上显示希望如何获得和浏览信息。随后实施的新系统对原有系统做出了重大改进。例如，要查找一份报告，内容是关于公司在全球范围内向某供货商支付价款的总额和过去三年的发展趋势。新系统启动和浏览这份报告只需 20 秒。而在以前，开支数据每更新一次，用户都要花两个小时才能汇集上述信息。同样，在查找各个类别、各个国家、各个地区、各项操作的开支信息时，所需时间也大大缩短。

葛兰素史克的员工和采购人员也参与了讨论，共同设计他们购进产品和服务的理想流程，这使得员工能够以最理想的采购和付款方式从最理想的供货商处进货。选择最理想的供货商为公司节省了一大笔开支，因为它们通常能够给予公司良好的服务、大幅折扣和优惠条款。这也同时减少了与供货商交涉的成本，提高了公司在采购谈判中的优势。而利用最理想的采购和付款方式则降低了管理成本。

优化设计建立了一套名为"橙页"的网络采购系统（公司标识为橙色），指导员工选择最理想的供货商和采购方式。员工输入所要购买物品的关键词，系统反馈结果（类似于网络搜索引擎）就会告诉他们从哪里购进、如何订货以及如何付款。据估算，这套系统每年能为公司节省 1 亿美元。

优化设计还建立了一套名为"风险追踪"（RiskTrack）的系统，帮助管理者规避原材料、包装、零件，甚至是药物供应中断的风险。该系统有助于避免药物供应对患者造成的潜在危险，同时保证了公司收入。

2003 年，（英国）特许采购与供应学会（Chartered Institute for Purchasing and Supply）授予葛兰素史克"技术最佳应用奖"，认定葛兰素史克拥有全英国最好的采购系统。2000—2003 年间，利用优化设计建立的全套系统协助采购系统超额完成了节省 10 亿美元的目标。2005 年，葛兰素史克获得技术实施类杰出杂志 *Baseline* 颁发的"投资回报典范奖"（ROI Leadership Award），该奖是对葛兰素史克公司网上采购系统的认可。这套信息技术项目有助于确保供应商成功满足葛兰素史克公司重要的商业需要，并通过网上出价促进良性竞争。此外，该项目在三年内创造了 5 451% 的投资回报率，不仅在当年的评奖项目上位居榜首，而且在奖项设立以来的三年中也是绝无仅有的。

在最新发起的新项目中，采购人员、主要供货商及公司内部用户都参与优化设计的过程，制定商业要求，寻找机遇改进服务、提高质量、鼓励创新、节省开支，并且促进各方关系。现在，项目包括三个主要内容：（1）供应商观察葛兰素史克公司员工有关理想产品和服务的设计；（2）葛兰素史克公司和供应商的双方员工共同总结理想合作关系的要件；（3）供应商将设计方案带回自己的公司并加以应用，其改进结果有望惠及供销双方。

最后，许多其他部门的管理人员看到了采购系统应用优化设计大获成功，也对优化设计产生了兴趣。时至今日，优化设计已经在诸多流程中得到应用，包括研发、付款、销售支持、营销、财务、招聘、厂房及设备维护、多元供应及差旅等。

利用优化设计不仅能实现许多改进，葛兰素史克的例子还证明了优化设计的一个基本优势：自由运用优化设计能够为所在系统相继带来更大规模的重要变革。

合资项目的促成

接下来，我们主要介绍优化设计如何促成一个合资项目，而不是介绍合资最终方案的具体细节。这充分证明了优化设计如何改变规划者既定的思维模式，激发他们的创造性思维。

20 世纪 80 年代中期，克拉克设备公司的全资子公司克拉克密歇根公司陷入了严重的财务危机。日本小松公司（Komatsu）以价格更加低廉、性能更加完备的移动掘土设备抢占了克拉克密歇根公司的市场。克拉克密歇根公司将价格降低到与小松公司持平，希望能够保有一定的市场份额。在此期间，克拉克密歇根公司计划研究重新设计产品和重组生产流程的可行性，以便更有效地与小松公司展开竞争。同时，克拉克密歇根公司以低于成本的价格出售自己的产品，结果导致了公司的亏损。公司的债权人威胁要为公司申请破产，清算资产，撤回资金。克拉克密歇根公司已经没有足够的时间通过改进产品和生产流程实现扭亏为盈，所以公司决定对子公司粉饰一番后再极力出售。

克拉克设备公司的管委会将子公司的混乱局面归咎于其 CEO，因此解除了他的职务。当时需要尽快找到一位新的 CEO。事出仓促，公司做了一个不同寻常的决定：聘请时任通用汽车加拿大公司总裁的詹姆斯·莱因哈特。

加入到克拉克并熟悉了子公司的混乱局面后，莱因哈特召开了一次管理人员会议，向他们解释了优化设计的性质。这是他在早年担任派克电气公司（Packard Electric）主管时了解到的概念。他要求在场的管理人员在几天时间内为克拉克密歇根子公司设计一份优化重组的方案，结果遭到了他们的一致反对。他们指出，此前的研究已经证明，在如此有限的时间内根本无法挽救公司的命运。所以，他们认为，新上任的 CEO 是让他们在无计可施的情况下想象自己无所不能。他们不明白为什么要在这样一件事情上浪费时间。莱因哈特回答说，他们一旦投入到优化设计中就能够找到问题的答案。他们勉强同意了。

一周后，他们向莱因哈特汇报了自己的成果，并表示现在明白了为什么要准备这样一份方案。他们生平第一次将自己对这个行业的了解全都派上用场。他们相信，如果自己设计的公司模式能够付诸实践，公司将重振雄风，主导整个产业。但他们又表示，不知道有什么方法能将设计方案变为现实。

莱因哈特告诉他们，这不是现在应该考虑的问题。他要他们让设计方案向实际情况靠拢，而不是让实际情况靠拢设计方案。他们没能理解。莱因哈特解释道，美国有许多同行业公司与他们的状况相似，怎样将这些公司与克拉克密歇根公司联合起来才能最接近优化设计方案呢？

他们再一次表示反对，同时指出，鉴于目前的财务状况，他们根本不可能收购其他公司，同样也没有公司愿意收购他们。莱因哈特再一次施压，要求他们继续执行任务。

一周后，他们完成了自己的任务，并且惊奇地发现将克拉克密歇根公司与其他三家公司联合（一家德国公司、一家瑞典公司和一家日本公司），结果最接近优化设计方案，但他们再次强调自己看不出应该如何实现这种联合。莱因哈特却认为，由于设计方案中提到的几家公司还没有看到设计方案，它们的反应还很难预测。因此他组织了一支克拉克密歇根公司管理人员小分队，访问上述公司，并就他们的策划方案进行商谈。

在戴姆勒-奔驰公司，他们谈到了戴姆勒-奔驰不久前刚刚收购的美国欧几里德货车公司（Euclid Truck Company）。这家公司一直都不怎么赚钱。在看过克拉克密歇根公司的优化设计方案后，戴姆勒-奔驰决定，如果欧几里德货车公司能够成为所述合资公司的一部分，其经营状况将大为改善。令克拉克设备公司大吃一惊的是，戴姆勒-奔驰提出将欧几里德出售给克拉克密歇根公司。莱因哈特解释道，由于缺少资金他们无法购买。戴姆勒-奔驰公司进一步提出，用克拉克密歇根公司母公司的股份与欧几里德货车公司进行置换。克拉克密歇根公司接受了这一提议，收购了欧几里德货车公司。

第二家公司是沃尔沃集团，商谈的重点放在其生产掘土设备的子公司 BM-沃尔沃上。沃尔沃的主管看中了合资公司的市场潜力，但对于跨文化的管理团队能否有效运作表示怀疑。沃尔沃因其参与型管理方式而闻名。莱因哈特承认存在失败的可能，但又提出由沃尔沃、克拉克和欧几里德的管理者共同形成一个小组，尽力促成克拉克密歇根公司设想的四家公司的合资项目。

出于法律原因，第三家日本公司虽然对设计方案抱有极大兴趣，但最终没能加入合资项目。

1985 年 4 月，莱因哈特倡导的管理小组成立了。在沃顿商学院两位教授的辅导下，小组开始投入运作。截至 9 月份，合资的详细设计方案出炉，没有遇到任何文化障碍。合资建议在上报克拉克和沃尔沃的管委会后双双获得通过。1986 年 4 月，VME 公司——沃尔沃、密歇根和欧几里德的联合体成立。

通过优化设计，最初不可行的变成可行，理想最终变成了现实。

小结 ››

本章所述的流程都不尽相同，我们是有意为之。这些案例显示，在流程改进中，优化设计的众多方案可能根本没有共同内容，唯一的相似之处仅仅是设计本身。

上述案例中的设计者必须始终清楚设计方案为整个机构带来的效果。有鉴于此，将机构中的各方代表纳入设计小组是比较理想的做法。即便是对系统的某个部分进行独立重组，一旦遭到其他成员反对，设计方案也很难继续实施。

运用参与式的优化设计改进机构、流程、产品以及厂房设备，解决现有问题，其结果很可能彻底改变以往的作风。优化设计是一种民主形式，改变着人们分析和综合的思维方式。

下一章，我们来研究如何利用优化思维从一个全新的角度分析问题，解决问题。

第 7 章

根除问题

> 如果你无法解决面对的问题，可能是因为你面对着错误的问题。
>
> ——调查中一条不太常用的规则

本章中，我们用优化设计来解决问题。四种处理问题的方式构成不同的价值等级，最高价值等级的方式是问题的根除。下面的例子证明优化设计适用于各种问题的解决。

四种处理问题的方式

处理问题的四种方式分别为放任、解决、解除和根除，它们构成不同的价值等级，其中根除的价值最高。

1. **放任**。指忽视问题的存在，希望问题能自行解决或由他人解决。这是一种被动应付的方式。

2. **解决**。有两种方式。一种方式是比对过去的经验，看是否处理过类似问题。如果是，需要进一步决定过去的处理方式是否适用于当前的问题。另一种方式是寻找问题的原因并予以消除，结果可以恢复到没有问题时的状态。两种方式都在追求令人足够满意的结果，但结果通常不是最佳的。

3. **解除**。指追求最佳结果或尽可能追求最佳结果，即优化。问题的解除者要尽可能运用量化或实验性方法对问题进行分析研究，运筹学和管理学都是这种方式的典型代表。

4. **根除**。指通过重新设计问题所在的系统，彻底消除问题，并防止问题再度发生。问题根除者追求优化，竭力使未来变得比当前更好，他们意识到，在纷繁复杂的环境中，问题不可能一次性解决，而且一个问题的解除可能会引发更多棘手的新问题。根除问题就是为了避免上述两种后果。

如果我们能意识到，许多（如果不是大多数）问题出现时都没有以最佳方式得到结果，根除问题的优势就显而易见了。例如，头疼时我们不会去做开颅手术，因为我们懂得人体运行的奥秘，即不同的部位相互联系，从而作用于整体。于是，我们依靠服药。当药片在肠胃里溶解后，它所含有的化学物质进入血管，随着血液直达大脑的疼痛中心，头痛最终得以消除。

这里有几个问题需要注意。要解决整个机构中出现的问题，仅从存在问题的部分入手很难取得最佳效果。要寻找解决问题的最佳方案，甚至仅仅是正确的方式，都需要了解机构的各部分是如何相互作用的。只有这样才能找到最佳切入点，对问题"迎头痛击"。

一定要认识到问题是不分学科的，没有所谓的经济、医疗、政府、教育、物理、化学等问题。"问题"前面的形容词与问题本身毫无联系，它只是告诉我们某个人审视这一问题的角度。下面的例子就充分说明可以从许多不同的角度看待同一问题。

优化设计在处理许多问题时都起到关键作用。在确定问题的切入点后，通常可以对问题的切入点或问题所在的整个系统进行优化重组，从而制定出行动方案。下面的第一个案例详述了处理问题的四种方式。

在前三种方式均告失败后，一位咨询师指出了根除问题的方法。

↻ 解决城市公交中的劳动暴力问题

欧洲某城市的公共交通只有双层公共汽车一种类型，每班公车都有一名司机和一名售票员。司机坐在玻璃驾驶舱中，与乘客分开，售票员站在公车后面，也就是乘客上下车的地方。

为提高公交系统的效率，管理层分别为司机和售票员制定了激励措施。司机所驾驶的公车越接近既定的时间表，他的收入越高。司机大都喜欢这套新制度，因为与以往的固定工资相比，他们现在挣得更多了。

刚上车的乘客根据乘车区间向售票员买票并收取票据，下车时将车票交回，由售票员核查其是否足额支付了车费。如果售票员没有示意司机下一站不需停车，司机到站后必须停车。售票员还需示意司机停车后多久再重新开车，要在下一站下车的乘客可以轻松地拉动一根线绳以示意司机。便衣监察员有时会乘坐公车，查验售票员是否收齐车费，发放并核查所有车票。如果监察员发现售票员漏收车费或没有核查车票，售票员的奖金会因此减少。相对而言，售票员漏收车费的过失更为严重。售票员也更加喜欢这套新制度，因为他们的平均收入也高于以前。

为避免高峰时段出现延误，售票员通常先让乘客上车，然后在公车行驶时收费。由于高峰时段公车内十分拥挤，售票员有时无法及时赶回公车后面，示意司机停车后多久重新开车，结果司机要通过后视镜自己查看情况。由此造成的延误对售票员没有任何影响，而司机却要付出代价，因为他们收入的多少取决于是否遵守既定的时间表。司机与售票员之间的敌对情绪不断加剧，最终导致双方的暴力冲突，新闻媒体对冲突中的伤害事件进行了报道。此外，由于售票员通常为少数民族移民，而司机是"正统的本地人"，"司机和售票员又分属不同的工会"，于是冲突愈演愈烈。

当地媒体向公交系统的管理层施压，要求他们就暴力问题采取相应的措施。起初，管理层认为假以时日，冲突双方的矛盾会自行解决，因此迟迟未动（放任），矛盾根本没有解决。在媒体的进一步压力下，管理层认定冲突的直接原因是现行激励制度，因此宣布恢复司机和售票员固定工资制度的意向（解决）。

双方工会立刻发出威胁，如果管理层不能按照司机和售票员在激励制度中的最高收入给付薪酬，他们就组织罢工。管理层则表示，如果工会不能保证司机和售票员有最佳表现，就不会按工会要求发放工资。工会指出，司机和售票员无法控制天气因素和其他车辆司机的影响，管理层的条件是不切实际的。管理层与工会之间的分歧一直僵持不下。

管理层聘请了两位专门解决管理问题的大学教授来处理司机与售票员之间的冲突。教授提出，奖金应该在每周末发给司机和售票员，并且由两人平分（解除），他们说这样会迫使双方相互合作。然而教授们错了。司机和售票员都抵制这一提议，坚决要求奖金只与自身的绩效挂钩，与他人无关。他们反对收入中的相互依赖。

随后，英国某人力资源研究机构应邀来处理这一问题。接受委派的研究负责人在市中心的豪华酒店租了一间客房，每晚随意挑选四名司机和四名售票员，请他们吃喝，然后进行圆桌会谈。三次会谈均以暴力收场。酒店发出警告，要通过起诉向该机构索要赔偿金。

正当这名研究负责人考虑改变处理方法之际，他向该机构的一名国外访客说明了自己遇到的问题。访客问高峰时段有多少辆公车运行，研究负责人说问题与公车数量无关，不管有多少辆公车，问题依然存在。访客坚持要得到答案，他要了解整个公交系统。研究负责人不情愿地翻看了资料，找到访客需要的数据。访客又问整个公交线路共有多少站，他解释说自己要对公交系统有个宏观把握。研究负责人再一次说明问题与数量无关，不管有多少站，问题依然存在。访客再次坚持要得到答案。他们一起找到一张地图，数出了公车站数，车站数量少于高峰时段运行的公车数量。然后访客提议，高峰时段售票员待在站台，而不是公车上。这样就可以在乘客等车的时候收车费，并且在同一地点检查下车乘客的车票。由于售票员站在公车外面，他们能清楚地示意司机什么时候重新开车。当运行的公车数量少于车站数量时，售票员可以回到车上（根除）。

众人接受了系统的重组方案，新方案几乎让每位司机和售票员都能连续工作八小时，不再像以前上四小时班、休息四小时、再上四小时班。他们非常高兴，欣然接受了固定工资。他们可以和家人共度更多时光，也有更多机会寻找其他的全职或兼职工作。

通常而言，对问题所在的整个系统进行重组不仅能解除问题，而且能消灭，甚至根除问题。下面的案例不仅说明了这一点，而且说明了多角度看问题的重要性。

提高铜版纸生产率

这是一家非常古老的铜版纸公司，成立于 19 世纪早期，生产高质量的纸张，专供昂贵的杂志和图书使用，尤其是那种带有大量彩色照片和图画的印刷品。自成立伊始，公司就向客户许诺绝对不会断货（只要客户需要，公司随时可以供货）。纸张由俄亥俄州的一家工厂生产，工厂中共有八条连续运转的生产线。

尽管销售量依然可观，负责生产的副总裁却面临一个严重问题：过去五年中，工厂的产量几乎逐年下降，结果工厂不再盈利。

一开始，副总裁怀疑问题出在生产设备的老化上，于是他对生产线进行了计时测定，但是并没有发现生产率降低。然后，他认为肯定是频繁的修理维护导致机器停产，然而，过去五年的记录显示事实并非如此。最终他找到了问题的原因：过去五年中生产线需要生产出较以前多得多的纸张。这就要求增加生产运行次数，缩短运行周期，结果生产运行之间的准备时间延长了。可以看出，延长的准备时间恰好与下降的产量相对应。

副总裁决定联系一位曾经和他共事过的大学教授兼咨询师，请他到工厂来探讨产量问题。他向咨询师提出的问题是："有没有什么方法为生产运行重新定序，减少整体的准备时间？"咨询师告诉他有，但是改进的效果与能够准确预测生产需求密切相关。如果预测不准确，即使再有效的工序都不会明显提高绩效。副总裁问，在进行详细研究之前如何估算可能节省的准备时间。咨询师回答说，可以利用电脑模拟工厂过去五年的运营情况，设想在经过精确预测后试用改进工序，这样便反映出改进的程度，由此可以判断可能达到的效果是否值得耗费时间和成本改变工序。副总裁批准了电脑模拟方案。

电脑模拟显示在预测精确的情况下，使用改进工序能够节省大量准备时间，因此有必要继续研究。副总裁同意了，但是在实施模拟的过程中，咨询师发现工厂8％的产品创造了全部利润，许多老产品无人问津，即便能够出售，通常销量很小，也不赚钱。

于是，咨询师向副总裁提议，将不能盈利的产品撤出生产线，这样比改进工序更能节省准备时间。副总裁拒绝了这一建议。他指出，生产内容由营销部掌管，自己无权过问。他不愿与营销部讨论削减生产线的可能性。他解释说，自己不想让营销部以任何方式参与到生产规划中来，否则等于授权营销部的管理人员随时干预生产情况。同样在为营销部工作的咨询师试图说服副总裁不会发生这样的情况，但是没有成功。

咨询师又回到定序问题，但"要了个花招"，他让公司的计算中心列出过去五年生产线上的全部产品及其产销量，产品按照从最赚钱到最赔钱的顺序排列。咨询师自下而上一一审视，计算撤掉多少产品才能与在精确预测（其实无法做到）的条件下采用新流程节省的准备时间一致。

咨询师发现，需要撤销的不赚钱产品的数量还没有过去五年增产的数量多。负责生产的副总裁看到这一结果后，很不情愿地同意咨询师与负责营销的副总裁共同商讨对策，但是他要咨询师向那位副总裁说明自己的反对态度及原因。

咨询师见到负责营销的副总裁后阐明了自己的观点，提出裁撤生产线的建议。负责营销的副总裁同意他的观点，但拒绝了他的建议。他说，不赚钱的产品可以卖给赚钱的客户，如果不赚钱的产品断货，他们就不会再从工厂进货了。咨询师问有没有证据可以证明。副总裁说没有，但是因为有一定的风险，他也不想尝试，他认为再小的风险都不值得冒。

落败的咨询师无功而返，但他坚信不能靠改变生产工序来处理问题。绝望的他想到调查中一条不太常用的规则："如果你无法解决面对的问题，可能是因为你面对着错误的问题。"于是他对问题进行了重新思考，不是如何减少待销的产品数量，而是如何减少生产的产品数量。然后他发现自己设定了一个限制性命题：减少生产数量的唯一方式就是裁撤生产线。如果还有其他的方式，就是：不要卖那么多不赚钱的产品。如何才能做到呢？

他对销售员的薪酬制度进行了优化重组。销售员的薪酬包括固定工资和占销售额议定比例的提成。对销售员来说，卖出一美元的赚钱产品和卖出一美元的赔钱产品没有任何区别。咨询师对薪酬制度做出如下改动：销售员的基本工资不变，但提成依售出产品的利润而定。如果卖出的是赔钱产品，销售员就没有提成；但是如果卖出的是赚钱产品，提成则有所增加。依照重组方案，销售员的业绩同前一年持平，收入不变；当然，如果卖出的赚钱产品增多，收入也随之上升，但是无论卖出多少赔钱产品，收入都不受影响。

负责生产的副总裁看到这套方案后表示出极大的兴趣，但他指出，负责销售员薪酬管理的是人力资源副总裁。不过他允许咨询师和人力资源副总裁商量一下，因为就他看来，这位副总裁不会干预生产。人力资源副总裁也对方案很感兴趣，他说在美国的五个销售区内，愿意选择其中一个将整体方案试行六个月。

试验就此展开。在试行期内，该地区 65％的赔钱产品都没有售出，赚钱产品的销量增加了约 18％，销售员的收入上升了一倍多，该地区的公司利润也翻了一番。结果，该地区通过薪酬改革所取得的效果远远好于在精确预测的条件下采用已知最佳流程的效果。

上述经历显示，对于任何问题，最好都要从不同的角度看待，而优化设计恰恰打开了处理问题的多条途径。由于优化设计强调整体效果，所以可以避免在改善某一部分的同时削弱同一整体中的其他部分。

在下面一则案例中，我们简单研究一下某家挽救生命的机构自身的存亡问题。

挽救一家挽救生命的机构

Contact 是宾夕法尼亚州哈里斯堡的一家全天候营业的机构，为那些企图自杀的人提供电话开导服务。该机构的目标自然是宽慰那些想要结束自己生命的人，几乎所有的接线员都是经过适当训练的志愿者，该机构受到联合之路（United Way）的独家资助。

由于自身的财务问题，联合之路削减了对 Contact 的资助。结果 Contact 面临关门倒闭，于是向沃顿商学院的研究中心请求"公益"援助，研究中心的师生组成小组伸出了援手。

在优化重组的过程中，Contact 的员工及志愿者一致认为，根除问题的最佳方法是实现 Contact 的自给自足，问题是如何做到这一点。设计人员决定以旁观者的身份来审视自己，他们将自己视为接听求助电话的机构。从这个角度看，他们找到了拓宽服务对象和服务内容的机会。就目前条件而言，Contact 完全可以向专家及企业开通收费电话服务，这样足以使机构在继续为"准自杀者"提供热线服务的同时实现自主经营。

在下面一则案例中，我们来看一下强制推行的市场经济如何根除特许体制中长期存在的腐败问题。

墨西哥城的许可证发放

墨西哥城有一个中央部门专门负责发放市政厅的装修许可证，即便是对原有结构的微小改动都要申请许可证，更不用说新建结构了。办理申请需要很长时间，等待获得许可证的过程甚为艰难，墨西哥人都认为其中一定有人舞弊。遗憾的是，随着舞弊日渐猖獗，成堆的申请使审批效率更加低下。民怨沸腾，最终市长决定不得不采取行动了。

市长责成墨西哥国立自治大学的一个研究小组处理这一问题。小组对整个许可证体系进行了优化重组，重组将中央部门的权力下放，并引入了市场经济制度。

结果，墨西哥城在每个行政区内都设立单独的许可证发放部门，个人可以选择其中任何一个申请许可。每个发证部门的唯一收入就是办理许可证的相关费用。由于申请人可以自由选择发证部门，部门之间开始竞争申请人，入不敷出的部门只能面临倒闭。

这样一来，获取许可证的时间大为减少，舞弊现象也得到了遏制。

这则案例显示，市场经济在政府部门中也同样有效，它提示我们任何政府服务都应该有两三个供应渠道，每个渠道的收入只能取决于

服务对象的数量，这样才会迫使它们为"客户"展开竞争。

小结 ››

人们曾经认为"大事化小"是处理问题的理想方式，这是那些"头痛医头，脚痛医脚"的人给出的建议。本章提供了处理问题的另一种方式，即将问题扩大到整个系统中，这是根除问题的一大特性。根除问题需要设计，正如前面的案例所示，优化设计是根除问题的有效方式。

与之相关的是，人们通常会根据个人经验划分问题所属的领域，事实上，所有问题都与系统中分属不同领域的其他部分有关联，因此，单独处理系统中的某一部分会扰乱整个系统。从某种意义上讲，问题属于整个系统，而不仅仅是它所在的那一部分，所以，虽然可以采用许多不同的方式处理同一个问题，但是最佳的方法莫过于把握整个系统的运作。

在下一章中，你会发现优化设计还是布置格局的有效工具。

第 8 章

布置格局

决不能让我感到晕头转向——我总是清楚地知道自己在店里的什么位置，所有商品放在哪儿，去哪里结账……

——顾客对家居用品商店的要求

布置格局要求功能和形式（各个部分的组织方式）达成统一。在设计合理的布局中，形式是为功能服务的，但是错误的形式通常阻碍了功能的实现。比如，公司主管升任的位置越高，他们的办公室就越大，相互之间也离得越远。这是基于一种错误的观念，认为隐私是高层享有的特权，他们几乎不需要互相交流。

本章中，我们来研究如何将优化设计应用到布置格局中来。我们再三强调，形式和功能的相互作用至关重要。

下面两则案例既涉及形式也涉及功能。在宜家的例子中，顾客之所以会觉得现有商店经营不善，问题就出在建筑形式及内部空间安排上。在航空的例子中，整体形式由飞机外形决定，但内部空间可以随意调整。

↻ 改进店面有助于销售

　　20 世纪 90 年代中期，宜家北美地区分公司总裁戈兰·卡斯泰特 (Goran Carstedt) 意欲加深对顾客的了解，并与之建立更紧密的联系，以此拓展家居用品业务。他希望优化设计能够激发有关商店、产品和服务的创意。为做到这一点，宜家在咨询师的帮助下，组织了九组顾客，共同设计他们"理想的宜家购物经历"。

　　事实很快证明，参与顾客理想中的店面结构与宜家的现有结构截然不同。一些参与者抱怨现有店面让他们感觉好像在走迷宫，把他们搞得晕头转向，疲惫不堪。辅导人员提示说，他们可以先简单写出自己想要的店面结构，而不是抱怨自己不喜欢的。参与者接受了指导，总结出下列突破性的要求：

　　● 决不能让我感到晕头转向——我总是清楚地知道自己在店里的什么位置，所有商品放在哪儿，去哪里结账等等。

　　● 如果我想买一件物品，所有的配套物品都要在相同的位置。我不用在店里转圈，寻找相关物品。比如，假如我要买香皂，枕头、窗帘、地毯、台灯和画框都应该摆放在附近。

　　● 总是能快速结账，应该配有自助结账设备。

　　● 在宜家购物应该是一件轻松惬意的事情。

　　在所有的小组都列出自己的要求后，宜家请他们设计一种店面结构来实现上述要求。他们在活动挂图上画出了自己的设计草图。参与者提出，他们想在店内设立一个"坐标原点"，这样就能在海量商品中为自己轻松定位，免受晕头转向之苦。他们设计的结构为八边形，中间留有一片开放区域，上盖教堂式屋顶。他们还希望店面结构具备以下特点：

● 中间的开放区应为多层结构，购物者可以任意环视，寻找商品单元的位置；

● 中间区域四周的单元应清楚表明所售商品类型；

● 应该有一个古根海姆博物馆（Guggenheim Museum）式的环形中心区，顶部为自然采光；

● 商店顶层应设有餐厅，在这个"绿洲"中购物者可以休息，享用瑞典美食，交谈或思考自己需要购买的商品；

● 顾客可以利用中心区域的电梯随意上下。

1998 年，宜家在整合了用户设计方案提出的众多特点之后成立了芝加哥分店。建筑面积为 411 000 平方英尺（约为七个足球场）。该店的营业额迅速翻了一番。因此 2001 年宜家又扩建了 5 000 平方英尺。

宜家对众多顾客发起调查，结果显示：

● 85％的顾客认为他们的购物经历"棒极了或很好"，15％认为"好"，没有人认为"一般或糟糕"；

● 93％的顾客（无论是否购物）都表示"肯定或很可能再来宜家购物"；

● 宜家芝加哥分店的回头客多于其他分店，芝加哥开业仅仅 5 个月后，25％的顾客光顾了 6 次以上；

● 宜家芝加哥分店的顾客平均购物时间较其他分店多出 1 个小时。

在这则案例中要记住，宜家芝加哥分店和其他分店出售的商品是一模一样的。销量不同完全是因为对商品布局进行了重新设计。

下一则案例与每位出行者都密切相关。一家大型商用飞行器制造商利用优化设计开始研究未来机舱的理想结构。

↻ 提高空中旅行质量

当你坐到商务客机的座椅中时，乘务员，不管是在电视上还是真人，总会提醒你"此次航班的安全规则"，最后他们会请你"坐好并享受空中旅行"。但我们中有几个人真正喜欢乘坐飞机呢？或许我们经常乘坐飞机，但我们不喜欢任何一次飞行。

了解到这一点，波音公司于 2001 年发起了一项研究，旨在应对乘客投诉，并为未来客机设计指明方向，让乘客能够"坐好并享受空中旅行"。公司在各个利益相关群体中分别发起了优化设计，参与设计的包括乘务人员、飞行器公司主管和员工以及经常乘坐飞机的旅客。下文是综合了众人要求和设想的结果，其中没有任何实质上的不同意见，也没有任何相同的设计。以下内容是对诸多要求和设想的汇总。

总体目标

● 充分发挥飞行特性，使乘坐飞机变成独特而宝贵的经历；
● 使波音公司的飞机明显区别于其他生产商的飞机；
● 尽可能为乘客提供自由活动的空间和各种活动选择；
● 彰显波音飞机与众不同的品牌特色。

进入机舱

从乘客进入机舱的那一刻起，他们的飞行经历就开始了。乘客的需要及关注点应该在机舱设计中有所体现。机舱应设有两个入口，而

且都要比现有入口更加宽敞。头顶的行李箱为下拉式以方便行李装卸，每个座位配有一个对应的行李箱。每个座位前应设有易于寻找的储存空间（位于座位下方），座位号码需清晰醒目。靠枕和毯子不应放在头顶的行李箱内，应置于易于寻找的地方（如前排座椅的椅背处）。

落座

因为乘客即将在座椅中度过飞机上的全部时间，所以座椅的设计应充分考虑乘客需要。座椅应可进行全方位调节，并附带罩有枕套的头枕和颈部支撑物。座椅能够放平，可供乘客睡眠。封闭的衣帽间不应只为乘务人员设置，也应向乘客开放。座椅可小幅旋转，有助于改变视线且方便起身及落座。每个座椅都应设有扶手，乘客可以自行调节脚部及上半身的温度、气流及湿度。椅背还应安装手柄，这样起身时就不会影响到前排乘客。座椅旁边（或许在扶手下方）应设有储物空间。座椅应有脚垫。座椅还应为乘客提供便捷方式来处理纸巾、包装纸等废弃物。安全带应仿照汽车模式，可以抽出弹回。每位乘客都可以在座位上任意选择唱片、电影和电子游戏。应安装更大的舷窗，使乘客能够轻松地环顾四周，而且靠窗的乘客也不会阻挡他人的视线。为营造一种私密的感觉，应将座椅所在区域分割为一个个较小的活动空间，减少每个座椅的公共暴露程度。社交区和休憩区应截然分开。前排座椅的靠背后仰时，后排乘客的出入和饮食活动不会受到影响。

空中旅行

设计者提出诸多建议，旨在令空中旅行的经历更加惬意。飞行员或观察员应充当导游，向乘客指出经过的名胜，并在乘客座椅的屏幕上呈现出相应的景色。食品供应要灵活多样，乘客可通过自助方式享用。还应有一些重点突出飞机特性的方式（如色彩、图案、服务、制

服、光线、材料、吧台等）。机舱首尾两端均应设有洗手间，较大的洗
手间应配有换气扇、窗户及可更换的马桶座套。每个洗手间都应备有
水杯及饮用水，有专门给孩子换尿布的房间。还有专供更换衣物、只
装有一个盥洗盆的房间。舱内空气应及时过滤，以防疾病传播。还应
为幼儿开辟专门的游戏区。播音系统的声音应清晰洪亮，听不清楚的
乘客可以向播音员示意。机舱内部的光线和暗化窗口足以在机舱中制
造出一天的时间变化（日出、日落）。机上可办理移民入境手续。

休息室和饮吧

除了坐席区，设计者还要求设立休息室，室内的饮吧提供各种饮
料、小吃、免税商品及商品名录等。饮吧四周应安设吧台椅。饮料单
上的商品都可以在休息室看到。墙上应列出航班的详细信息，包括驾
驶舱的控制面板（附带说明）和显示相关地区不同时间的钟表。休息
室的一端应该能够通向洗手间，这样休息室就可以作为洗手间的等候
区。饮吧应自主创收，自给自足。

波音公司在设计 787 飞机（现已向各航空公司供货）时运用了上
述许多内容，其他内容是航空公司在购买飞机时可以自行选择的。用
一位设计者的话说，在商务客机制造趋于白热化的竞争中，波音 787
依然炙手可热。

小结 〉〉〉〉〉〉〉〉〉〉〉〉〉〉〉〉〉〉〉〉〉〉〉〉〉〉〉〉〉〉〉〉〉〉

格局布置的类型当然是多种多样的，因此没有任何一本手册能为
所有的格局设计提供指导。每项设计都必须突出主体的特性，这种特
性体现在主体行使的功能上。我们最好引用本章开头的一句话："在设

计合理的布局中，形式是为功能服务的。"

　　下一章，也是这部分的最后一章，总结了我们多年来在推行优化设计过程中的大量实际经历。如果你还不能确定优化设计能够发挥效用，那就需要阅读这一章。

第 9 章

冒险一试

我们只有时刻准备冒险才能生存。通常只有信念才能够确保目标实现。

——威廉·詹姆斯（William James）

需要向你说明，本书列出应用设计的各种情况，说明我们相信优化设计实际上拥有无限的潜力，能够"根除"机构目前面临的问题，或者发现机构现在能做些什么以迎接美好的未来。依据我们的经验，在两种情况下管理人员最愿意采用优化设计。

或许你正不时地遇到棘手问题，或许你所在的机构一切正常，你只是想在将来做得更加出色，也就是进入管理的前沿阵地。

本章中，我们总结了自身经验，告诉你上述两类以及介于两者之间的管理人员如何从优化设计中受益。你也会看到，参与设计过程的个人能够体会到成就与满足感。最后，我们会向你指出可能遇到的障碍和克服障碍的方法。

本章所要传达的主题是，在确信你的机构需要正式的优化设计之后，你就要做好准备投身其中，对优化设计冒险一试。

克服当前危机

我们无须指出你的机构是否正面临危机，你自己心知肚明。我们可以告诉你的是，如果在多次尝试后，你依然无法解决遇到的问题，优化设计将是你的首选。很可能目前的危机是由整个系统的问题引起的，而以前的小修小补仅仅作用于系统的某一部分。我们从一开始就强调，不能通过修补部分来解决整体的问题。优化设计的伟大之处在于，它确立了更加宏观的解决方案，旨在通过改变整个系统以消除局部的问题。

你个人又怎能让整个机构认识到实施优化设计的必要性呢？经验告诉我们，答案就是用事实说话。先从你管理的部门或活动开始，这样甚至不必得到上级批准。你的成功就会向他人证明优化设计或许也是解决更大问题的有效方法。这种情况屡见不鲜，包括本书中的一些案例。而且（恕我们直言），这样还能提升你在机构中的声誉。

优秀的组织也要锦上添花

一个没有陷入危机的组织似乎并不需要优化设计，然而成功的组织中几乎总有人会考虑到未来，考虑到目前应该如何在飞速变化的全球经济中提高自己的竞争优势。他们将优化设计视为一件利器，能够帮助组织迎接更美好的未来。

成功的组织运用优化设计研制突破性产品，发起服务创新。优化设计使组织更加灵活，更具适应性。如此一来，它们能够更加主动地

操控，而不是坐等市场的变化。

让工作更加惬意

对个人而言，优化设计能够减轻落后于竞争者的恐惧。应用优化设计的人在个人及职业发展方面都有所收益。一方面，优化设计能够扩大影响力，使工作更加令人满意；另一方面，优化设计还能激励个人思考未来。人们在现在的工作中大多只用到了自己知识的一部分，而参加优化设计可以让他们的见识得到充分发挥。而且，正如刚才提到的，积极的管理人员更容易引起上级关注，从而提升职业发展的前景。最后，不要忘了我们在第 1 章中告诉你的"意外收获"。

如果你的组织从来没有实施过优化设计，许多障碍势必要克服。下面我们要告诉你其中的一些可能遇到的障碍以及克服这些障碍的方法。

克服实施优化设计的障碍

即便是再周密的优化设计方案，在实施过程中都会遇到威胁成功的障碍。为了让你做好充分准备，克服这些可能遇到的障碍，在本章最后我们将描述一些你可能遇到的障碍类型以及如何成功应对。

一类障碍是心理上的。与所有的新生事物一样，优化设计受到了一些人的抵制，或许是由于他们的误解，也可能是他们内心的恐惧所致。另一类障碍是在实施设计的过程中出现的。

这里有一些障碍的具体形式以及解决方法。

心理障碍

- 认为优化设计太复杂；
- 认为优化设计太耗费时间；
- 担心设计内容是纸上谈兵，无法实施；
- 担心设计过程会催生不切实际的期望，最终令设计者失望甚至受到打击；
- 在岌岌可危的条件下，认为没有时间再从事这样的设计活动；
- 无法想象现有系统"就在过去的一瞬间垮掉了"；
- 担心会因为新的设计方案而失业。

程序障碍

- 会议过于频繁，每次出席人数不等；
- 部分参与者主导设计过程，其他人无法畅所欲言；
- 部分管理者过于偏爱自身权威，并将之带入优化设计的过程中来；
- 部分参与者无法摆脱现有思维；
- 员工在公司文化的"熏陶"下变得十分消极，认为自己无法把握自己的未来；
- 高级管理层不支持设计过程，也不支持最终的设计方案。

让我们仔细研究这些障碍，然后依据实施优化设计的经验解释一下为什么在现实生活中这些障碍都站不住脚。

克服心理障碍

- **认为优化设计太复杂**。优化设计给人的第一印象可能是非常复杂。在最初介绍时，主持人要具体描述优化设计的过程，强调设计过程中的内在联系，这一点至关重要。当参与者了解全部过程后，就会消除对优化设计的负面印象。

● **认为优化设计太耗费时间。**现在人们已经有很多会议需要出席，他们担心更多的会议会占用更长的时间，这一点可以理解。但优化设计使人们无须专门召开会议解决过去因为缺乏设计而导致的问题。此外，在优化设计的过程中会提出许多关键性的结构问题（这些问题在其他会议中是不会提出的），而在优化设计的过程中，它们可以得到公开有效的处理。总之会议的次数会少于现在。

● **担心设计内容是纸上谈兵，无法实施。**在开始筹备优化设计之前，人们会很自然地认为设计方案根本不可能实施。设计方案要想成为现实有着太多的障碍。但是必须记住，我们的目标是尽可能接近设计方案，没有必要将方案全盘实施。我们发现，参与者几乎总是惊叹于设计方案中有如此多的内容得以实现。传统的设计过程是无法像优化设计一样，使设计方案中最精华的部分付诸实践的。

● **担心设计过程会催生不切实际的期望，最终令设计者失望甚至受到打击。**一些管理人员可能会认为，优化设计令他们的下属（或客户）充满希望，结果却是一切照旧，希望破灭。然而实际情况是，许多极具创意的想法会在优化设计的过程中产生，并得到广泛支持，因此许多人都会积极实现这些想法。

● **在岌岌可危的条件下，认为没有时间再从事这样的设计活动。**参与者发现，优化设计不同于传统的应对威胁的方式，即解决或解除问题。通过优化设计，他们可以创造性地将问题根除，而且花费的时间通常比传统方式更短。

● **无法想象现有系统"就在过去的一瞬间垮掉了"。**目前的现实决定，人们很难想象出一种不受现有条件干扰的新系统。应该由设计主持人不断提醒参与者保持开放的态度。

● **担心会因为新的设计方案而失业**。担心设计方案会导致裁员的想法十分正常。为克服这种恐惧，CEO 必须向参与者保证，没有人会因为参与优化设计而失业或降职，这一点至关重要。

克服程序障碍

● **会议过于频繁，每次出席人数不等**。设计主持人应坚持召开会议，每月不少于一次。否则，每次会议都会不断重复和提示以往讨论的内容。

● **部分参与者主导设计过程，其他人无法畅所欲言**。一些健谈的参与者试图主导设计过程，而另一些人不愿说出自己的想法，担心被人"嘲笑"，这种情况不可避免。这时主持人的作用便至关重要，他要调动沉默的参与者，避免健谈者主导整个过程，确保所有人都能说出自己的想法。积极创造不留死角，设计过程应该激发出每位参与者创意的火花，即便是那些沉默寡言的人。

● **部分管理者过于偏爱自身权威，并将之带入优化设计的过程中来**。一旦涉及改革，总会威胁到组织的现状。一些管理者在设计过程中试图牢牢保持个人权威，甚至固守自己的经验之谈，因为"经验就是力量"。为克服这一障碍，设计主持人需要反复强调"能力"与"权力"之间的区别。教育水平较高的下属更倾向于民主，而不是集权机构，因此赋予他们权力便尤为重要。当不愿配合的管理者意识到民主能够让自己的收益大于损失，他们就会积极参与到设计中来。

● **部分参与者无法摆脱现有思维**。尽管在努力尝试，他们好像无法抛弃现有的经验来看待问题。为减少这种情况，可以事先组织不参与设计过程的利益相关者召开会议。设计小组的成员要坚信利益相关人员提出了积极的建议，这样他们不仅能获得重要的思维角度，而且可以让没有参与设计过程的利益相关人员接受优化设计。此外，合格的主持人会举出实例促使参与者摆脱现有思维。

● **员工在公司文化的"熏陶"下变得十分消极，认为自己无法把握自己的未来**。在一个高层管理者已经通过发号施令方式确定了发展方向的组织中，对于众多中层管理者和普通员工而言，利用优化设计大胆思考，为组织未来积极主动出谋划策的想法十分生疏。但是在进展顺利的设计过程中，他们会逐渐意识到这种方式可以帮助他们影响公司的发展。

● **高级管理层不支持设计过程，也不支持最终的设计方案**。优化设计要想全盘获得成功，必须要 CEO 或相关的高级管理者从一开始就参与到设计过程中来。在最初介绍时，主持人要讲究策略，让高级管理者认识到，如果不参与优化设计或表示支持，他们的威望会降低。

小结 〉〉〉〉〉〉〉〉〉〉〉〉〉〉〉〉〉〉〉〉〉〉〉〉〉〉〉〉〉〉〉〉〉

在本章最后，我们最好再次引用章首威廉·詹姆斯的名言，来证明要对优化设计冒险一试："我们只有时刻准备冒险才能生存。通常只有信念才能够确保目标实现。"

第 2 部分到这里就要结束了。本部分的各个章节描述了优化设计如何应用于一系列企业及其他组织机构，最后一章剖析了可能促成或破坏优化设计的种种情况。在第 3 部分中，我们会深入探讨如何在当今世界面临的一些重大问题中运用优化设计。

艾科夫
第3部分

优化设计：
无限——应用于当今世界的挑战

◆ 城市面临的挑战

◆ 医疗挑战

◆ 政府的挑战

第 10 章

城市面临的挑战

市内汽车

再造巴黎

> 从载人数量考虑，私人小汽车是迄今为止最浪费城
> 市空间的交通方式。
>
> ——刘易斯·芒福德（Lewis Mumford）

至此，本书集中讨论了将优化设计应用于商业和其他相关组织，而我们深信，在应对当今世界面临的其他重大问题时，优化设计仍是一个强大工具。在这部分，我们将把优化设计应用于几个此类问题。

在第 3 部分的第一章里，我们将看到如何把优化设计应用于长年困扰城市和大型居民聚集区的问题。第一个例子是一款专门为城区设计的汽车，第二个例子是重新设计巴黎这个首都和国际大都市。

市内汽车

在诞生和批量生产之初，小汽车是一件奢侈品。因此它被设计成了多用途的交通工具，既用于市内交通，也用于城际交通。但是，正如刘易斯·芒福德所言："从载人数量考虑，私人小汽车是迄今为止最浪费城市空间的交通方式。"

小汽车不仅浪费空间，而且浪费时间。在城内交通中，特别是在交通高峰时段，它所浪费的时间是惊人的。例如，现在从费城北郊到达市中心所需要的时间甚至和一个世纪前用马车所需要的时间相差无几，有时甚至还要多。最近在拉丁美洲某城市的一次交通拥堵中，有成千上万辆汽车被困在路上，几个小时动弹不得。在此延误期间，数人因心脏病发作而丧生，医护人员根本无法抵达急救地点。

在城市高速公路上，交通事故造成的长时间延误几乎所有人都经历过。不仅如此，因汽车空转而造成的空气污染也愈演愈烈。

如今，大多数家庭都有不止一辆汽车，因此，有理由考虑设计两种不同的汽车，一种用于市内交通，一种用于城际交通。较小的汽车用在市内，或许可以减轻拥堵，拥堵问题在许多城市已经发展到让人无法忍受的地步。一些城市在市中心区域限制汽车通行，而对于小型市内汽车，可以在周一到周五的上午 6 点到下午 7 点之间进行限制。

鉴于这种汽车的优点，几年前就有一个由教授及其学生组成的小组，决心研制一款符合优化设计的市内汽车，并与汽车制造商共同研究其发展潜力。要知道，优化设计假定现有的一切都在昨日毁于一旦，设计者都是从零开始的。我们的设计完全不同于现在的微型汽车，它们不过是全尺寸轿车的压缩版。

首要问题是，这款市内汽车应该有多大？在美国及墨西哥城市的研究人员发现，每辆车的平均载客量为 1.2 人。因此，我们决定把市内汽车设计为两座汽车。当然，会有不少时候，一辆车要搭载多于两位的乘客，这个要求会在设计过程的较后阶段予以考虑。而且，这个问题并非至关重要。就是现在，我们也经常想要搭载多于汽车所能装下的乘客，但我们也往往都能做到——通常会用不止一辆汽车。

设计的下一步就是为司机设计一个座位，因为我们决定接受现有的假设，即司机应该是坐着的（见图10—1）。下面来看乘客，在现有的两座汽车里，比如运动跑车，乘客往往都与司机并排而坐，面向前方。但是研究表明，乘客面向后方时更为安全，这样在发生撞击的时候，乘客会被抛向椅背而不是挡风玻璃。这种设计带来两种可能，一种可能是乘客与司机相邻且面向后方，另一种可能是坐在司机的背后，面向后方。

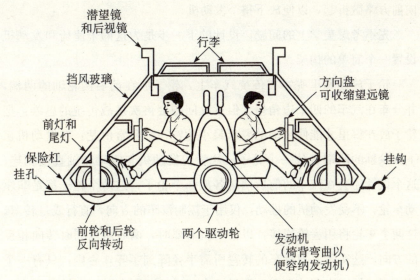

图 10—1　市内汽车设计示意图

这样的设计会致使乘客陷入两种不同的处境，在路上所有奔跑的车里，他们到底是与司机比邻而坐，还是与司机相背而坐。相对于宽而短的车，采用窄而长的车的可能性要大出数倍。这是因为所有车道都可以分成左右两边，并排行驶两辆又窄又长的车，高速公路的边道也可以行驶这样的轻便汽车。因此，我们决定让乘客与司机相背而坐。

现在来看一下发动机应该放在哪儿？可以像现在所有的汽车一样，把发动机放在车的前端或后端。但传统思维面临这样一个问题的挑战：放在哪个位置才能让汽车的可靠性最大化？答案是"放在中部，在司机与乘客座位之间"。

这款车应该以多快的速度行驶呢？研究表明，人们开车行驶在路上时，速度大多保持在每小时 40 英里。因此，市内汽车的发动机应该可以让它以每小时 50 英里的速度行驶，但不能比这更快。这意味着此发动机不需要比微型拖拉机的发动机更大。发动机是否使用内燃机、燃料电池或者其他动力来源，将取决于当时的技术发展水平。但不管使用哪种动力，由车辆引起的污染都将大为减少。

为容纳发动机，开在车身一侧的车门将向后移，而两个座椅也得向前方略微折起，以便放下整个发动机。

先不考虑美学上的问题，设计的下一步是为这两个座椅和发动机设置一个简单的构架。

轮子放在哪里呢？在传统汽车上，轮子放在前后两轮轴的两端，并分布在汽车的四个边角里。但后续问题会再次挑战传统的思维：把轮子放在哪里才能使传动的要求最小化？答案非常清楚：在发动机正下方轮轴的两端各放一个轮子，这将使发动机与驱动轮轴直接相连。这个设计还会在汽车的前后两端各放一个轮子，这两个轮子都是非驱动车轮，不受发动机的推动，仅用于控制汽车的方向，直行或是转弯。这两个车轮将用齿轮连接，以便司机需要时，两者可以同时转向相反的方向。这实际上把汽车的转弯所需半径降到了零，否则，只有一个轮子可以控制汽车的方向，而另一个"后轮"则会随汽车转向而自由旋转。

现在汽车是对称的，从哪一端看都一样。那么方向盘和其他控制装置放在哪里呢？现在的设想是：放在司机的那一端。不过，如果车的前后两端都可以驾驶，但每次只能从一端驾驶，那会怎样呢？如果车停在路边的角落里而使横跨在路面上的部分比传统汽车要少，两个优势就会凸显出来：首先，传统汽车占用的空间可以停放几辆这种汽车；其次，停车时再不用让后面的车辆等候，这种市内汽车无须任何帮助就可以精准地停到空位上。

不过，从路边角落的停车位把车开出来时，司机的视野不够开阔，除非车能从另一端开动。如果可能，无须干扰正常交通，就能把车从车位开出来。因此，设计方案把控制装置放在汽车的前后两端，但前提是每次只能从一端控制。在非驾驶的一端，方向盘会自动收起。

行李和其他物品，比如杂货，可以放在车顶的行李架上，天气恶劣时就遮盖起来。

现在回到如何乘载两个以上乘客的问题上来，一个可能的情况是一个母亲，比如她有三个孩子。要把他们都装下，设计方案将会加上另一个车厢，它与此前设计的车很相似，但是没有发动机和控制工具，这辆车将挂在装备齐全的车上。这两辆车的一端都有可以收放或折叠的挂钩，并在另一端装有可收放或折叠的挂孔。这样一来，母亲就可以随心所欲地把孩子们带到任何地方，而不用听从孩子们。在汽车和车厢之间建立连接是非常容易的。其他可能出现的情况都可以照此思路予以解决。

现在，每一辆汽车都有可能成为其他任一辆汽车的拖车。坏在路上的汽车可以由其他任一辆汽车拖到修理点。而且，很多辆汽车可以在指定地点排成队列，由一辆拖车拖到特定的地点，而司机们则可以在此期间放松或小憩。

为使汽车的安全性最大化，每辆车上都将安装减震装置，就像游乐场里的电动碰碰车一样。碰碰车的速度远超过了每小时 5 公里，但与当前的汽车明显不同的是，碰碰车迎面相撞时，既不会撞坏车，也不会撞到人。因此，设计方案会在车身周围都放上类似缓冲震荡的减震装置。

为进一步加强安全性，我们会在汽车前端和尾灯处加装传感装置。如果后方有车靠得太近，传感器将以闪光的方式向对方发出信号；如果汽车与前方车辆靠得太近，传感器也会向司机发出信号。另外，车内两端都会安装潜望镜，这样司机可以从车顶部俯视前方车辆。研究者证明，这样可以大大减少事故的发生。

设计者们与这种汽车的潜在生产商，即那些现在不生产汽车的公司，就完整的设计展开讨论。设计者要生产商估计这种车凭借什么才能

卖出去，他们的答案是：相当于现在能买到的最便宜汽车一半的价格。这将在不太发达的国家打开销售市场，传统汽车在这些地方过于昂贵。

鉴于目前汽车的使用时间只占其可用时间的很小比重，设计者们认真考虑要不要把市内汽车定为公众所有和公众使用。这样一来，市内汽车就可以脱离信用卡或借记卡来运营。人们可以带任何人去任何想去的地方，到达后可以把车扔在街上或者放至指定的停车点，其他人可以继续使用。如果指定停车点不在街道上，那么街上就不会有停靠的车辆。装配点可以为车加油并加以维护。

对这种汽车公有性和公用性的经济分析表明，即便使用者每英里所付费用不高于目前使用私家车的每英里费用，由这些车的租金产生的收益也将成为迄今为止城市所得的最大来源。

由于小型市内汽车的概念曾经筹备并公开发表过，欧洲生产了几款两座市内汽车。一款是获得重生的大众公司新甲壳虫（Volkswagen New Beetle），1998 年引入；另一款是戴姆勒-克莱斯勒公司生产的"小精灵"（Smart Car）。它在欧洲赔了钱，但在未来某个时间，可能会引进到美国。而另一款相似的汽车还在曾设计了法拉利赛车的意大利 Pininfarina 公司的设计之中，命名为 Nido，曾在 2004 年日内瓦车展上向公众介绍过。但这些设计都有别于我们的设计，它们只具有我们所设计市内汽车的某些优点。不过，我们设计汽车的所有优点并不是必须一次全部体现出来，它们可以用于改进传统的汽车。

我们应该非常明白，在城区继续建造高速公路并不能缓解交通阻塞问题。从一处到另一处的新型改良交通工具可以创造新的需求，而不是继续加大只有高速公路才能满足的传统需求。

再造巴黎

早在 1971 年，宾夕法尼亚大学沃顿商学院的一个小组就受法国政府委托研究巴黎的未来。在法国的政府和公众心目中有一个普遍的想法，那就是需要为这个首都做点什么。这个城市正忍受着管理疏漏带来的痛苦，它一度被允许只按照经济规划肆意增长，而城市其他方面的发展和增长都被忽略了。结果导致城市一步步恶化，不知道自己的角色，不知道自己的未来，不知道自己"应该怎样"。巴黎是法国唯一没有地方政府的城市，它由法国国家政府直接管理。巴黎市的恶劣影响超越了城市本身，因为它已经成为法国国家系统的一部分；"似乎发生在巴黎的任何事都会辐射全国并引起共鸣，以某种方式影响整个国家"。[1]

　　组织这项研究计划，目的在于获得法国政府和利益相关组织的最大程度的参与，以代表最广泛的民意。计划分为四个阶段：（1）梳理谜团；（2）优化设计；（3）评估优化设计方案；（4）组织实施方案。

　　这个研究小组识别出了目前在巴黎与法国和欧洲环境之间的众多"不和谐"之处，并将其投射到未来，假定当时的政府和政策仍保持不变。这个预测到的谜团表明，"目前的状况下隐藏着灾难性的潜质"，而由此暴露的一个突破口便是彻底改变政策规范。此后，研究小组展开了一项调查，就"巴黎应该是怎样的"广泛征求意见。小组把所有信息综合起来，得到一组细节，这就是人们想要的巴黎。凸显出来的主流价值是"至尊"和"独特"。"在法国人的思维里，两者都是巴黎这个'理想之城'的历史遗产。"

　　研究小组因此设立了以下目标，以实现这两种价值：

- **政治**

  推行自治

  变为开放城市

  非国有化

  变为欧洲共同体的首都

  成为多国组织的所在地

- **经济**

  发展国际化特色

　　成为欠发达国家产品联合会的所在地

　　成为跨国营销中心

　　发展全球性金融管理信息系统

- **城区**

　　限制人口流入

　　引导工业迁至其他区域

　　成为世界环境研究计划服务中心

　　成为高科技产业的所在地

　　成为信息系统设计生产中心

　　成为知识密集型的服务中心

　　疏散巴黎的人口需要考虑对法国其他地区的影响，这将引出一个法国地区化的方案。西部地区曾抵制工业化，而东部却在迅速工业化。因此，方案决定在当地传统基础和保证现有经济增长的情况下，向西部地区引进新的行业（比如养殖业和旅游业）。与他国相邻地区将会出现在里尔、梅斯、南锡、里昂和圣艾蒂安的周围，这些地区可作为工业集散地。

　　在重新设计巴黎的过程中，它所包容的传统行业必须由科技企业取代。作为一个国际性的大都市，巴黎也被认为是欧共体的首府。因此，必须着眼于这个城市的文化功能，包括以下几个方面：

- 规范市中心的新建筑
- 清除市中心的私人交通工具
- 新建国际性住宿设施
- 成立一所发展大学
- 创建一所世界大学
- 建立一个非民族文化活动中心

　　在文化功能方面，最激动人心的两个主意便是发展大学和世界大学。前者用以支持巴黎"媒介中心"的地位（指巴黎作为得天独厚的枢纽地位，作为法国和更多地区的非民族化的媒介中心），并专门围绕

促进第三世界国家社会和经济发展提供服务。这个机构特定的课程表
也会罗列出来，其中包含在此领域被忽视已久的创新。

后者是一个更宏伟的创意，或许要在稍后某个时间创立一所大学，
该大学"从任何角度而言都是国际化的，包括课程内容、教师队伍和
学生构成"，它理想的定位是："全球教育网络的中心……"

为证实方案的可行性，法国政府要求沃顿研究小组做进一步调查，
涵盖来自法国内外所有利益相关组织的代表。这次采用的是德尔菲意
见调查法，目的在于调查巴黎作为一个全球城市对这些选民来说是否
可行。与沃顿小组当初的参与原则保持一致，他们在整个设计中全程
介入。调查结果表明：调查对象大力支持巴黎作为全球城市的想法，
但巴黎不是唯一的，他们认为纽约、圣保罗和新加坡会走上相同的发
展道路。

另外，作为此项研究工作的一个结果，三个关键词的意义也发生
了重大变化，它们的外延扩大了。先前用以指代巴黎"欧洲化"的，
现在看起来都成了"全球化"；作为巴黎重要财产的狭义共享民主制，
现在看来与艾科夫称为"人性化"的过程相似，用以指代社会的特别
是文化的一致性。这个设计在巴黎和法国其他地区的后续发展中发挥
了主要作用，交通模式、建筑规划、工业发展以及众多其他方面都受
到这个设计的影响，甚至在此设计之后 30 多年的今天，设计的元素仍
然在起作用，引导着巴黎和法国的演化方向。

下一章里，我们将讲述优化设计应用于美国和其他国家所面临的
一个最棘手的问题，即针对全体公民提供公平、公正的医疗服务保障。

第 11 章

医疗挑战

国家医疗体系
医疗超市

> 几乎达半数的债务人都归咎于医疗问题，这说明185万～222.7万名美国人（包括债务申请人及其家属）都曾遭遇过医疗破产的经历。[1]
>
> ——保健事务研究：《保健领域政策杂志》

在当今社会里，不同的人所获得的医疗服务简直存在天壤之别。在本章中，我们首先把优化设计应用于国家医疗体系，它能公平地给每个人提供服务，然后我们再找一条更佳的途径，实现就近提供医疗服务。

国家医疗体系

几乎人人都同意这样的观点，美国的医疗体系还不够完善。据估计，有4 500万人享受不到任何医疗保障，结果便是医疗服务分配的不公平和医疗费用负担的不公平。2005年公开的一项研究结果揭示出，大约一半申请过破产的被调查者"都归咎于医疗问题，这说明 185 万～222.7 万名美国人（包括债务申请人及其家属）都曾遭遇过医疗破产的经历"。[1] 在这项研究的政策指向中有如此表述："许多债务人忍受的穷困，包括食品、电话、供电以及医疗的匮乏，让人们更加相信社会保障已经超出了部分人的支付能力，采用申请破产的方式摆脱债务，实际上是一条'不归路'。"

为改进保障体系，许多人提出了建议，但这些建议都无法从根本上扭转这一局面，而是将改革的重心放到了财务支出方面。就其自身而言，改变医疗服务的付费方式不会转变其供给体系。在决定如何为医疗体系付费之前，我们应该找到一个值得为之付费的体系。

一些提交讨论的议案要求扩大社会保障范围，照顾到目前未得到任何保障的人群。这些议案虽然对当前的体系有所改进，但是它们不能做出最根本的改变，那就是把焦点从疾病和残障治疗转向健康维护。下面的方案意在显示如何减少不必要的治疗和过度的管理成本，防止渎职和欺诈，其核心在于强调将患者的需求和愿望放在首位，其次再考虑医疗机构的需求和愿望。

1993 年，宾夕法尼亚大学沃顿商学院的教授们组成了一个小组，致力于推动这项工作。在设计的准备阶段，所有的利益相关方代表都被编入不同的团体，包括个人和机构医疗提供者、患者、医疗服务机构所在社区、雇主、保险公司、医疗行业的供应商以及美国政府。

前两个设计方案都令人失望，它们的结果都毫无惊人之处或新意。他们成立了由三人组成的推进小组，或称项目执行委员会。在设计会议的休会期间召开了一次碰头会，他们灵机一动，发现要力主推翻的不是一个医疗体系，而是一个疾病和残障治疗体系。于是，他们找到了突破口。两类体系是不同的，当前的设计方案其指导思想是摆脱或者弱化我们不想要的，即疾病和残障，而不是创造我们想要的，即健康。人们摆脱了不想要的之后，未必就能得到想要的。实际上，结果还可能更糟。试想一下，美国的禁酒令不仅以失败而告终，而且徒然刺激了有组织的犯罪。

疾病和残障治疗体系不同于医疗体系。当这一点在更多的设计人员当中取得共识之后,真正的创造性设计开始走上正轨。下面简要介绍一下设计方案。至于这个方案的详细讲解及其应用,可参见 Ackoff and Rovin (2003)。

设计方案

该体系向每一位合法的美国居民提供基本医疗服务(包括预防性的、长期的、理疗以及眼科、耳科和牙科服务),也向所有有工作的非法移民提供保障,费用由他们的雇主承担。这项措施有助于打击雇用非法移民,甚至非法移民本身。

医疗服务费用由个人每年向国内税务署缴纳的保健税来负担,这项税负体现了个人的收入、年龄、供养人数、生活方式、健康状况及环境状况等。低收入和无收入者则无须缴税。

雇主只需缴纳与其工作潜在危害和雇佣条件相关联的保健税。另外,他们还可以选择缴纳员工的全部或部分保健税;如果选择不缴纳这两种税,雇主们则需提高员工的工资,幅度为雇主当前为员工负担医疗保险的数额。

国内税务署会集中这些税款,并每年向符合条件的个人发放保健券和健康票。这些票证的金额与其缴纳的保健税不相关联,而是反映个人的健康特征(如年龄、疾病、生活方式)。决定这些票证金额的是来自国家健康研究院或者其他适当机构的精算师,但不能是来自国内税务署的官员。健康票只能用于与康复相关的活动。

个人可以自由选择那些愿意加入这个体系的基本医疗机构,并将保健券和健康票交给这些机构。

这些机构可以按照个人向其提交保健票证的数额与国内税务署结算相应的款项,而它们则必须承担所有的医疗费用及提供的产品的费用。这些医疗机构的收入就是它们从国内税务署所得款项与提供医疗

服务和产品所需费用之间的差额。因此，人们的健康水平越高，基本
医疗机构的利润就越高，个人缴税税率也就越低。我们稍后会说明为
什么基本医疗机构不会不顾患者需求而减少服务和产品，以使其支出
最小化，剩余收入最大化。基本医疗机构也可以通过医疗咨询得到一
些收入，如稍后所述。

通过金钱激励，新的体系会鼓励许多并不使用现有医疗体系的人
使用预防性的服务，从而减少长期的花费，比如产前服务和免疫服务，
特别是儿童的免疫服务。

社区保健委员会负责管理每个社区的保健项目，它可以规定哪些
属于基本医疗服务，确定社区内的基本医疗机构，并监督医疗服务的
质量。监督可以减少渎职现象并缓解事态恶化到诉讼的地步。委员会
将组成仲裁庭，处理投诉。另外，委员会还负责维护一个医疗信息系
统，这个系统是国家网络的一部分。该系统将为使用者提供所需信息，
帮助医患各方做出明智的选择。

国家健康研究院或其他相关的联邦机构将建立医疗记录和其他信
息标准，以供所有社区遵守。

国内税务署向每个社区保健委员会提供所需资金，供其履行职能。

个人可以选择在体系之外运行的医疗机构并向其付费，即使如此，
这些个人仍需缴纳保健税。

基本医疗机构可以选择在体系内或体系外经营，但不得同时在体
系内外开展双重运行。在体系内经营的机构可以在选择或保留患者方
面保持一定的灵活度。

保健券可以用来支付参加某些保健项目的费用，定期参加这些项
目的人可以享受税收优惠。

医疗体系将提供以下制衡措施，以保证患者能充分地享受到所需
服务：

● 如果每年与同一个基本医疗机构续约，保健券的金额将会
增加；

● 个人每年可以免费更换一次基本医疗机构，但多于一次者需缴罚金；

● 个人可以另寻其他一家医疗机构获取咨询意见，如果该咨询结果与基本医疗机构提供的相同，个人将支付相关费用，如果相反，医疗机构将承担费用；

● 社区保健委员会将安排对医疗机构的经营进行审计，对于那些未能达标的机构，要么取缔其营业执照，要么要求其接受再教育；

● 社区保健信息系统提供在体系内和体系外经营的医疗机构所提供的服务质量信息。

如果患者没有选择基本医疗机构就诊，该机构的收入就会减少。对于这种情况，基本医疗机构可以投保，在其净收入低于一定的底线时，获得保险赔付。不过，保险赔付仅限于净收入低于底线的情况，保费金额也与其选定的最低收入水平挂钩。

对于那些愿意在医疗水平低下的郊区服务一定期限的医学专业学生，联邦政府为他们提供奖学金。

方案的效果

1991 年，由此方案产生的存款估计约为年均 3 060 亿美元。这足以覆盖那些没有医疗保险的人群，并留有足够的资金用于眼科、耳科、牙科和保健项目的支出。因此，设计小组预计在这个体系之外不会再有其他额外的支出。

设计小组还发现了这个体系所能产生的一些额外效应。国民保健支出将大幅度缩减，而其所覆盖的美国居民数量却会急剧增加。医疗保险和公共医疗补助制将会消失，联邦政府的作用将会大大降低，雇主们只需为与工作有关的医疗付费。这是个市场驱动的体系，人们会有动力做出适当的举动，也会让所有的参与者力求避免任何纠纷；它

可以向目前服务水平低下的地区提供医疗服务，也有助于形成诚信的
医疗体系。

一个实例

这种医疗体系的一个版本被 Sisters of Charity of Nazareth Corporation 最先应用，由七家医院——五家来自肯塔基州，一家来自田纳西州，另一家来自阿肯色州——把这个设计变成了现实。

医疗超市

个人从与医疗从业人员联系的那一刻起，就开始体验医疗服务。在此例子中，我们提供一种便利场所，使每个进来的人都可以有效地享受到高质量的服务。它既可以是国家医疗体系的一部分，也可以是一个独立的地方体系。

这个便利场所的组织有足够的弹性，以便从事基本医疗服务的个人或组织可以在这个场所里面经营，也可以在超市之外，只要那里的人口密度足够其运营下去。为简单起见，我们把所有这样的便利场所称为"医疗超市"，它们可以坐落在学术机构或公司里，靠近或紧邻商场和其他人群集中的地方。

新的用户进来之后，需要先到接待和询问处领取为其准备好的"智能卡"（或其他具有相同功效的技术），已有智能卡的用户需要在这里刷卡（见图 11—1）。用户会预约他们选择的基本医疗服务提供者，如果客户没有特殊偏好，他们将被分配给不同的提供者，智能卡上的信息也会被传递给相应的提供者。散客也会受到欢迎，他们需要遵从医疗超市里工作人员的时间安排。预约可以通过电话完成，目的是让

超市的服务对使用者尽可能方便。

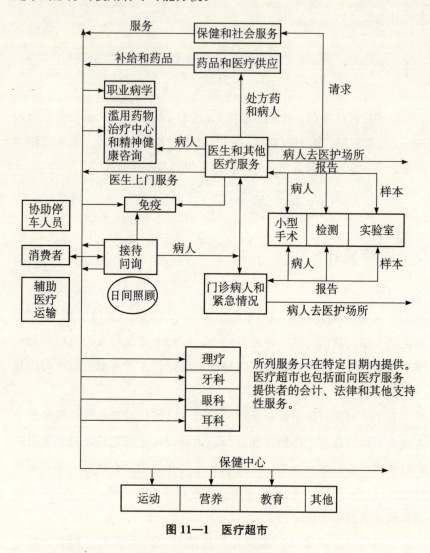

图 11—1 医疗超市

医疗超市内一般会包括以下服务者和服务：

- 内科医生

包括一般诊疗、内科、儿科及由所服务社区规定的其他专业人士，他们的助手包括基本医疗护理从业人员和护士。这里的专业人士相对较少，只有所在地区规定的类型和人数，比如，会规定有一个或多个妇产科医生和外科医生。治疗安排可以由医疗提供者定在医疗超市之内或之外。

● 急救单元

这个单元将负责急救和其他紧急情况，这些急救和紧急情况之后应不会进入住院流程。但它将提供设施以供观察和治疗病人。如果病人需要此单元无法提供的服务，则可以立即转送到其他可以提供服务的单元。医疗超市的急救单元应是全天服务的。

● 外科和其他程序中心（看护门诊病人使用）
● 放射、心脏和其他检测设施（只用于基本医疗服务）
● 实验室
● 职业病咨询中心
● 滥用药物、精神健康、遗传咨询中心（亦可上门服务）
● 药物伦理学者（应邀服务）

此服务和所列其他服务可以在部分时间提供，服务者可以在多家医疗超市间轮岗。

● 医疗和社会服务单元

这个由社区支持的单元将提供咨询和指导服务。它向社区保健委员会报告哪些病人需要但是没有获得医疗服务，并会通知相关医疗服务提供者该病人的情况已经发生变化。它还将提供家庭医疗服务，对那些无法去医疗超市的人和适宜在家的人提供移动诊疗。

● 照看病人和职员子女的日间照顾中心
● 辅助服务：

　理疗单元

　牙科医生

　眼科医生、配镜师，以及光学服务和产品

　听觉和语言服务

● 保健中心，包括以下设施：

健身俱乐部

营养中心

健康教育中心

- 免疫单元（免费提供基本免疫和其他一些可选免疫服务）
- 停车服务（有协助停车人员）
- 辅助医疗运输（可利用其来去医疗超市）

所列医疗服务及设施并非全部，仍有空间容纳其他医疗相关设施，如与之相关的财务和法律服务、健康书店，以及体育器材的出租和销售。

与其他基本医疗设施一样，医疗超市可以由私人或公众建设并所有。租金由所有私人或公共医疗服务提供者按照所占空间支付。

往返公共汽车连接医疗超市和更高级的医疗中心，公共汽车将会按时间表发车，并有固定的上下车地点。

个人不是一定要去所在社区的医疗超市，而是可以选择任意一家。这有助于医疗超市之间的竞争，以保证所有消费者的需要都能得到回应。

医疗超市的作用在于，它使每个进入超市的人所接受的服务质量保持一致，并提供一站式服务，避免让病人穿梭于不同的专家和地点之间。

我们有意没有谈及用户们在医疗超市的花费，这个至关重要的话题最好在之前讲述的国家医疗体系中解决。

在下一章，也是本部分最后一章，会描述如何将优化设计用于应对政府当前面对的一些主要挑战。

第12章

政府的挑战

国家选举制度
新型联合国
应对恐怖主义

[社会和经济的发展]虽然不会消除恐怖主义，但是它在经济上为那些可能变成[恐怖主义]分子的人提供了另一条可行的道路，并且可以造就一个志在维护和平的新型中产阶层。

——兰德公司关于恐怖主义和发展的报告

在本章，也就是第3部分的最后一章，我们将优化设计应用于当今世界面临的一系列挑战，以证明优化设计能帮助政府有效地应对来自国内外的挑战。首先，我们将设计一套选举制度，以确保合法的选民能最大限度地参选；然后，设计一个新型国际机构取代现有的联合国，克服执行任务时遇到的诸多障碍；最后，提出一套设计方案，以应对当今各国的最大威胁，即恐怖主义。与本书其他案例不同的是，这些设计方案完全出自我们自己的设计，而且不属于对外承接的科研课题。有鉴于此，我们提出的不是最终的定案，仅仅是激发讨论，提供一种备选方案。

国家选举制度

美国选举制度在最初设立时，全国合法选民的数量比今天许多城市的都要少。一开始，选民可能觉得自己的一票"很算数"，今天却不再是这样，很多合法的选民根本不会参加全国性的选举。2004 年总统大选时，据估算约有 60％的合法选民没有投票。参加选举的人数略多于 1.22 亿人，而没参加的人数也在 8 000 万左右。60％的数字已经让人吃惊了，更为震撼的是，所有主要候选人得到的选票总和都没有8 000万那么多。

更糟糕的是，参加地方性选举的选民数量就更少了，而地方性选举中选民的投票结果能更直接地影响自己。研究显示，只有 25％的合法选民，甚至还不到，会在地方性选举中出现。选区的大部分居民通常完全不知道当地的候选人是谁，也不知道竞选的职责是什么。

很多原因造成了如此低下的参选率，而这些理由也难以驳斥：竞选过程太漫长，代价太高昂，候选人为了争取竞选赞助资金，只关注特殊群体利益，没有提供候选人的详细介绍，没有机会对候选人提出质询等。

Ackoff and Rovin（2003）在准备重新设计选举制度时，充分考虑到现有制度的缺陷和人们的抱怨。此举是对政府重新设计的一部分，因此下列的选举制度应视为整个政府体系的一个有机的组成部分，而更为宏观的政府体系才是我们这次优化设计的最终结果。

投票

除了原定的候选人，选民还可以有新的选择。在候选人名单后面，增加一项——"其他人"（不用填写具体的人名），选择"其他人"一项就等于否定原定的候选人。如果众多的选民选择"其他人"，那就必须提名新的候选人，重新进行选举。重新选举的费用要么由淘汰的原定候选人的提名者承担，要么由原定的候选人自行承担。为确保资金来源，每位竞选人在参选前都要缴纳一定数额的保证金，足以支付重新选举的开支。获得票数高于"其他人"的候选人可以拿回自己的保证金。该方案可能有助于提高候选人的素质。

选举的义务

即便推行上述变化，可能依然会有许多合法选民不参与投票。在一些国家，不参与投票就触犯了国家的法律，会招致巨额的罚款或严厉的处罚。因此，我们最好将选举视为一项义务，而不仅仅是一项要求。正在设计中的选举制度要求未参与选举的人贡献出一定的时间从事社会性服务，其基本原则是：公民如果没有通过选举履行自己的社会义务，就要以其他的方式加以补偿。

政党

选举制度应允许甚至鼓励政党参选，但是参选的政党应按要求公开自己的政治纲领，而且它们的纲领应有实际内容，而不只是陈词滥调。

政治纲领

政治纲领应陈述该党目标的合理性。此外，纲领还应估算出实现目标所需要的资源种类和数量，以及可能获得上述资源的途径。各级候选人必须公开自己的政治纲领，并明示自己所属的政党（如果有）。

独立参选的候选人应公开自己的竞选目标，并列出为自己服务的特殊利益群体。当选的官员如果没能努力实现自己在竞选纲领中做出的许诺，选民有权将其罢免。

竞选

竞选活动必须限制在一定时间内，比如两个月。竞选职位不能在早于选举三个月前公布。选举应该向公众募集资金，每位候选人获得的资金数额应该相等，并有同样的机会借助媒体进行自我宣传。选举中不允许寻求私人资助。候选人应开设一个固定的网站接收选民提出的问题。问题和候选人的答复应一同记录，并通过互联网向所有选民开放。同时，应设立一个无党派的选举委员会，以确保选举活动正常进行，不会出现诋毁对手的情况。竞选委员会有权对恶性竞选发出警告，对于反复实施恶性竞选的候选人，竞选委员会有权取缔其竞选资格。

任期

无论何种职务，任期均为六年。每两年要对立法机构中 1/3 的成员进行重新选举。任职不得超过两届，最多连续任职 12 年。此外，在连续担任某一职务 12 年之后，任何人均不得再度参选任何任期长达 12 年的职务。

这种选举制度有利于大幅度提高合法选民的参选率，同时有助于在参选者当中体现美国的民主政体。

下面我们来研究一下世界上最庞大的官僚机构——联合国，并由此提出设立一个新型世界组织，以完成现在的联合国远远没有完成的使命。

新型联合国

联合国一度受到了越来越多的批评，于是贾姆希德和艾科夫在 2003 年设计了下列方案。该方案显然没有得到实施，仅仅在私下传播。设计者希望该方案能引发如何更有效地发挥联合国的作用或用什么取代联合国的相关讨论。

简介

整个世界混乱不堪，这一论断几乎不需要更多的佐证。当前可怕的世界局势可谓触目惊心，对于我们这些希望联合国能够恢复世界秩序的人而言更是如此。遗憾的是，联合国和已不存在的第一次世界大战之后的国际联盟一样，几乎没有起到什么积极作用。很明显，只有通过有效、果断和强有力的国际行动才能改善目前的国际形势。任何超级大国的单边行为不仅为本国国民增添了沉重的负担，而且无法达到理想的效果。事实上，迄今为止，所有诸如此类的干涉行为都加剧了世界的混乱。唯一行之有效的方式就是国际社会共同承担责任，主动创造出一种能够促进国与国交流的新型世界秩序。因此，下列设计方案中的多国机构至少可以推动联合国做出一些积极变化。该方案不一定要贯彻实施，但很明显，方案一旦实施，必定会极大地改善目前的状况。即便没有严格落实方案的全部内容，结果也可能是一种足以取代联合国的全新多国合作形式。

首先，我们提出优化设计方案，然后考虑方案的哪部分或怎样实施才最为可行。显然，实施优化设计方案最大的障碍依然来自人们的思维，而不是"外在"的客观因素，但这恰恰是最难克服的障碍。幸运的是，在人类历史的某些阶段，活跃的思维和开阔的眼界催生了人类精神的张扬，由此孕育了巨大的社会变革。

奥尔特加·伊·加西特（Ortega y Gasset）曾意味深长地说道："人类一直会因为想到某些看似无法实现的事情而兴奋不已，然后会投身于那个想法，全力奔向无法到达的目标，而最终却达到了。无疑，这就是人类力量的原动力之一，所以人类也会因为看到遥不可及的事物发出荧荧光芒而兴奋莫名。"[1]尤吉·贝拉的话更加简洁："如果你不知道自己要去哪里就得小心了，因为你可能到不了那里。"

该设计方案的目的就是激发众人讨论怎样才能改善国际局势，从而对什么是最理想的方法达成一致。换句话说，该方案应该将有关全球问题的讨论提到一个新的高度。目前的讨论倾向于接受现有体系，只关注如何改变其中的某些部分及这些部分的行为来减轻混乱。这类讨论的基础是，你可以通过对某一部分的小修小补来清理整个混乱局面。而本书隐含的前提是，改进了系统的某一部分不一定能改进整个系统。

新型联合国的理想特征

应该为这个机构设定某些重要特征，必须说明各国加入的理由，也就是成为该机构成员的重大优势。因此，需设定以下特征：

1. 该机构应属于致力于民主、多元、人权保护、促进本国及他国成员发展的独立国家间自愿组成的团体，机构的确切名称应为"民主国家联盟"。

2. 该机构应有能力解决：（1）成员国之间的冲突；（2）成员国与非成员国之间的冲突；（3）非成员国之间的冲突，前提是联盟接到请求或冲突危及联盟成员。

3. 该机构应保护所有成员国免受他国入侵。

4. 该机构应促进成员国间经济、文化、教育及技术等方面的自由交流。

5. 该机构应使各成员国实现国内个人、产品和资本的自由流动。

6. 该机构应使各成员国内的任何群体免受因种族、民族、宗教、语言、性别或年龄而引起的歧视或隔离。

7. 该机构应协助根除世界范围内的贫困、文盲、种族灭绝、暴政、健康风险和环境污染等问题。

8. 该机构应帮助尚不具有成员资格，但想要加入联盟的国家满足入盟要求。

联盟的内部管理

联盟内设两大决策机构，一个是元首理事会，由各成员国的总统或总理组成，各国副总统、副总理为备选人员；另一个是代表议会，由各成员国代表组成，代表数量与各国人口及人均国民生产总值成正比。

联盟应选出一位执行主席，任期六年，不得连任。代表议会至少要提名三位主席候选人，获元首理事会票数最多者当选。

● 经元首理事会以及代表议会 2/3 的成员投票通过，任何联盟主席均可予以罢免。

● 联盟应设有法庭，解决成员国之间以及成员国与非成员国之间的纠纷。法庭成员由元首理事会提名，经代表议会多数通过当选。法庭成员共计九名，任期九年，每年更换其中一名。

● 法庭成员由联盟主席任命，但要元首理事会 2/3 的成员投票通过才能当选。候选人应在前任的国家元首或国家最高法院的大法官中挑选。

● 主席可以指定联盟各个部门的负责人，由此组成内阁。主席指定的人选需经元首委员会 2/3 以上的成员批准通过。

加入联盟

联盟向所有国家开放，而不论其地理位置、种族、宗教及面积，只要这些国家能符合下列条件：

● 成员国至少在近20年内是独立自主的多元化民主国家，至少平稳经历两次政权更替（也就是权力移交）。

一国中的"民主"包括：（1）所有人都有机会直接或间接（通过选举代表）参与关乎自身的决策；（2）每位当权者都要受到集体权力的制约；（3）任何人都可以在不影响到他人的条件下做任何想做的事情，如果影响到他人需征得其同意。

"多元化"社会是指每个人都可就任何问题表达或实践自己的任何想法，除非这种行为影响到他人行使上述权利。

"独立自主"的国家是指没有受到任何外部操纵的国家。

"平稳经历政权更替"是指通过选举，权力从某个或某些当选人手中转移到另一个或另一些当选人手中，从而实现了国家政府最高权力的移交。

● 申请加入联盟需经该国多数合法选民投票通过。

● 所有成员国需接受并完全满足《世界人权宣言》的要求，包括不接受因种族、性别、宗教、原始国籍、语言或年龄等任何原因引发的歧视或隔离行为。

● 成员国需接受联盟责任，努力做出改变以适应从单独国家到联盟成员的责任转换。

● 成员国没有处于与他国交战或内战的状态，也没有卷入任何领土争端。

● 如果有任何其他多国团体的成员义务优先于联盟，联盟成员国不得加入该团体。

● 成员国不得纵容或支持任何形式的恐怖主义。

● 成员国需废除死刑及各种形式的肉体惩罚。

● 成员国需赋予全体国民（罪犯及等待判决的人除外）出境自由。

● 成员国需向全体常住人口提供至少八年的免费教育、全民医疗保险、失业保险及劳动奖励制度。

退出联盟

成员国如果违反了任何成员要求，成员资格将被中止；三次违反要求或拒绝履行联盟决议将丧失成员资格；经两大管理机构 2/3 成员投票通过，成员国将被逐出联盟；成员国在本国多数合法选民的支持下可脱离联盟；成员国的某一部分在其多数居民的支持下也可脱离该国。成员国一旦退出联盟，再次加入时仍然需要履行正常的规程。

成员国的条件

成员国保持资格的条件十分严格，由联盟制定施行。成员国不得拥有自己的武装力量；联盟应提供武装力量保护成员国免受其他成员国或非成员国侵略。

成员国每年都要缴纳会费，数额与该国人均收入成正比。成员国应协助实现联盟内部所有活动得以自由进行；成员国应促进联盟内部的自由贸易；将当选官员的任期限制在一届，也就是六年之内；相关政府应赞助公共职务的竞选活动，并将竞选活动限制在三个月之内；联盟应设定某种官方语言，并在成员国的所有学校中作为第二语言推行；联盟成员国不得向其他成员国运送该国法律禁止的产品或服务（比如军火或毒品）。

联盟提供的服务

除了武装力量的供给，联盟还为成员国提供一系列其他服务。开设食品药品监督局和环境管理署；建立疾病控制中心，预防和控制联盟成员国或非成员国爆发的传染性疾病；颁发产品和服务许可，制定适用于各个成员国的安全标准和评级体系；建立服务于联盟内外的冲突解决机构；组建调查小组，监视各成员国是否拥有或研制大规模杀伤性武器；设专利局、商标登记处及版权保护机构；提供海关及移民服务；开展基金或咨询服务，鼓励促进成员国及非成员国的发展；扶持（不是操纵）通讯社出版报纸，通过广播电视播送消息，并保证所有成员国和有相关需求的非成员国都能接触到该通讯社的报道，但是各成员国内的媒体应该依然发挥自身原有作用，从不同角度进行报道，提出多种观点。

成员国的权利

该方案并没有要求所有成员国的行为保持一致，设计方案尽量不要求成员国牺牲自己的权利，而是最大限度地保证了成员国的自主权。方案的目的是鼓励各成员国尽可能按照加入联盟的要求调整本国的管理模式，这样的国际机构应该可以保证其成员国不会发动或卷入战争及其他国际冲突。

下面我们来研究一下恐怖主义。

↻ 应对恐怖主义

标志着 21 世纪开始的那一波恐怖袭击似乎并没有缓和的迹象，许多国家的应对措施是创设或增加安全组织，以防范未来的袭击。然而，为防范恐怖分子袭击潜在目标的努力实际上是徒劳的，原因有二：首先，潜在攻击目标的数目远多于可有效预测的范围；其次，破坏总比保护容易，尤其是在恐怖分子不惜自毁而进行袭击的情况下。防范自杀性爆炸和暗杀简直是不可能的。

这并不是说我们不应尽量为恐怖袭击制造更高的难度，并准备在袭击一旦发生后尽量减少损失，但是这些措施并不能真正"解决"问题。

当前应对恐怖主义的方法强调其作用而非其原因。与此相反，我们认为正是因为社会无法促进发展，才为恐怖主义的滋生提供了土壤。虽然不是唯一的，但造成恐怖主义的一个主要原因便是财富、生活质量和改善二者的机会在国内以及国际间的分配不够公允。这在 2002 年经济自由指数遗产基金会[2] 所做的研究中有所反映。该研究发现，一个国家恐怖主义的产生与其经济自由程度负相关，而自由程度又与经济发展程度正相关。排在最靠后的六个国家是伊朗、老挝、古巴、利比亚、伊拉克和朝鲜。兰德公司的一份报告（Cragin and Chalk, 2003）发现，社会和经济的发展"虽然不会消除恐怖主义，但是它在经济上为那些可能变成恐怖主义分子的人提供了另一条可行的道路，并且可以造就一个志在维护和平的新型中产阶层"。

无论在情绪上还是理念上，个人和团体应对日益动荡的社会环境的能力与其所处社会的发展水平直接关联。我们使用"发展"一词，是指个人和团体有效利用资源来满足自身和他人需要、使其需求合法化的能力。

长期来看，应对恐怖主义最理想的方法是在发达和欠发达国家促进贫穷社区的发展，促进措施包括以下五种情形：

1. 较发达的社区或国家应当向欠发达的社区或国家提供一个可用于发展的资源库，包括金融、人力和设备，但这些资源只可以用于接受者而非捐献者认为合适的方式。

2. 这些资源只能用于发展。

3. 如何使用这些资源的决定应当采取民主方式，由会受到直接影响的人做出决定，而这些受到直接影响的人应当由受到间接影响的人来确定。

4. 任何腐败行为都是不允许的，它的出现足以成为中断此发展努力的理由。

5. 为发展所做的努力应当受到中立团体的监督和评价，团体成员应由接受方和援助方共同认可。

现在来看一下这些条款的细节。

资源

每一个较发达国家都应有一个机构负责对外发展计划，由它来接收和处理援助申请。一个联合国机构可以帮助把申请分发给合适的国家或国际机构，行动应当及时，某一机构的回绝不应排除将申请另行提交给不同的机构。

较发达国家所收取的所得税中，应该划拨出一定的百分比作为投资，用于促进国家间的平衡发展。从较发达国家政府接受援助或合同项目的机构应当按要求提供人力资源，项目中的人事时间、开支以及设备的费用应该计入援助项目的支出。

发展

如前所述，"发展"一词是指个人和团体有效利用资源来满足自身和他人需要、使其需求合法化的能力。合法需求是指，此需求的满足不会妨碍任何其他人的发展；需要是指对维持生存和健康必需品的要求。

那么，发展的实质在于能力的增强。全能是指有能力得到任何合法需要的东西，这是一种无法到达但可以持续接近的理想状态，这种状态下目标和手段合而为一。对所有的人类（过去、现在和未来）来说，这是一种不可或缺的理想，因为它可以激发人们为了得到某种东西，就必须首先拥有获得它的能力。

发展是一项学习任务，而不是提高收入。生活水平是收入的指数，而生活质量在本质上是一个学习的问题。鲁滨逊·克鲁索（Robinson Crusoe）的发展模型胜于 JP 摩根财团。

民主

民主决策有三项原则：

1. 每个人都能直接或通过选举代表间接参与直接影响自身的决策。不具有选举能力的人应由代表他们利益的人代劳，比如父母应代表他们未成年的子女，精神医师应代表他们的病人。

2. 决策机构的当权者应受到集体权力的约束。也就是说，权力不是线性地自上而下发号施令，而是遵循当权者指挥集体中的每个人，而整个集体又制约当权者的循环模式。

3. 每个决策者或决策团体都可以在不影响其他个人和团体的条件下做出任何决策。如果可能影响他人，在做出决策前则必须得到他人的许可。

腐败

腐败是指损公肥私，将为其他团体及其成员谋取福利的资源占为己有。腐败现象在许多欠发达国家十分猖獗，已成为社会发展的一大障碍。腐败还催生了许多人的绝望心理，提供了恐怖主义滋长的温床。腐败应该受到法律的严令禁止，参与腐败行为的人应视为罪犯。如果发展计划中出现腐败问题，则有足够的理由中断整个项目。

监控

对于发展项目，监控的目的在于提高受益方的学习能力。为做到这一点，应将每一个有关发展的决策记录在案，记录应包括：（1）谁在什么时间怎样做出决策；（2）决策的预期效果如何，期望在何时达到这样的效果；（3）建立预期效果的基本假设是什么；（4）做出决策时用到了哪些投入：数据、信息、知识、理解及智慧等。

然后，监控机构要追踪预期目标和假设。如果出现重大偏差，应通过判断找出问题的原因，随之采取矫正措施。每次的矫正行为也应记录在案，与最初决定同样处理。这样不仅可以从错误中吸取教训，而且可以学习如何改正错误。总之，就是学会应该如何学习。

共同打击恐怖主义

发展项目的实现需要全球共同努力。当今世界的一大特点就是各国的政治分歧，这一点恰恰为恐怖主义所利用。只要世界政治依然不能统一，就仍然有恐怖分子生存的乐土。打击或消除恐怖主义需要全球协作，根除国家内部及国家之间的非正义与不平等现象。如果每个国家的每位公民都衣食无忧，享受医保，有机会通过创造性劳动增加个人收入，并且在不影响他人的条件下自由活动，恐怖分子和恐怖袭击的数量都会大为减少。

但是打击恐怖主义任重而道远。我们相信，通过优化设计这种有效方式，人们能更深刻地理解恐怖主义的根源并与之斗争。我们希望这个方案能激发人们迎接挑战，寻求其他方式以进一步减少恐怖主义对各国造成的威胁。

第 3 部分到此结束。我们在第 4 部分将给出三个完整的优化设计方案，设计对象分别为企业、非营利组织和政府机构。与前面的章节相比，对这三个方案的介绍将更为简洁，正考虑在类似机构中开展优化设计的读者会发现，这些方案的细节极具参考价值。

艾科夫

第 4 部分

完整的优化设计方案

- ◆ Energetics 公司（企业）
- ◆ 声乐艺术学院（非营利组织）
- ◆ 白宫通信局（政府机构）

第 13 章

Energetics 公司(企业)

我们在第 4 章中谈到了 Energetics 公司，本章仍以该公司为例，详尽地阐述如何对企业进行优化设计，希望能为有意从事此类项目之士提供一种富有价值而不失趣味的参考。

↻ 概述

Energetics 是一家从事天然气生产、配送和销售的公司。1999 年 4 月，公司的总资产为 3 900 万美元，2003 年底达到 2.1 亿美元；1999 年经过反向股票拆分，其市值为 1 700 万美元，2003 年底达到 1.65 亿美元。对于 Energetics 公司的发展，部分归功于它的规划活动，其中包括优化设计。

以下内容摘自 Energetics 公司的优化设计报告，其中阐述了规划者选取设计元素的出发点。

〜〜〜〜〜〜〜〜〜〜〜〜〜〜〜〜〜〜〜〜〜〜〜〜〜

参与到关乎自身的决策是组织中的各级成员学习和发展

的最佳机会，没有什么能如此唤起他们工作的决心和热忱。在传统的组织形式中，提供这样的机会通常会破坏层级关系，从而影响有效的管理。而下列设计形式在维持必要层级的同时，也为组织中各级人员提供了参与重大决策的机会。

采用下列组织形式，即民主层级的单位或部门可以对其进行调整以适应自身的需要。例如，无须开始时就将下述的六项职能全部赋予管委会，只选取其中的几项即可，初始缺少的职能可以在日后逐渐添加。每个单位或部门都应确定管委会召开会议的频率、会期及流程规则。

该公司致力于为用户提供最先进和经济的产品及服务。为达到这一目标，公司必须不断吸收并容纳掌握先进相关知识和技能的员工。劳动力的教育及技能水平越高，指令性管理模式就越难发挥效用。参与式民主是吸收和容纳掌握尖端技术人才的必要（但非充分）条件。

系统的性能取决于各部件的配合，而不是由各部件独自运作的好坏来决定。公司也是一个系统，但是，为了协调和整合公司各部件之间的互动，必须保留层次划分。所以，下属员工和部门的互动才是有效管理的核心，而非他们各自的行动。在这种情况下，民主管理是必需的。

每位管理者都负责一个管委会，管委会至少包括管理者本身（任主席）、其直属上级及其全体直属下级。管委会可以自行吸收其他人员作为正式成员或非正式成员，并决定他们是否拥有投票权等。但是，管委会中代表"外部"利益集团的人数不得多于下属员工的人数（下属员工应当构成管委会的多数）。

这意味着除了最高层和最基层的成员外，每位管理者都在三个层面上参与管委会活动：自己、上司和下属。因此，大多数管理者将进行五个管理层面的交流互动：高于自己的两个层面、自身层面及低于自己的两个层面。

管委会通常每月召开一两次会议，每次会议约两三个小时。

管委会应以实际需要出发，减少开会次数，缩短会议时间。如果管委会成员身处不同地区，应安排会议与其他例会在同一时期召开。

管委会可拥有下列职能：

● **制定政策**。管委会可以制定适用于下级机构的政策（决策规则），但不得与上级管委会制定的政策相冲突。

政策是行事的规律和规则，而非具体的需要执行的决策。国会和议会制定政策，总统和总理进行决策。管理人员可以就某一需要执行的决策征求管委会的意见，但不管以何种方式做出决定，责任都由管理人员承担。

● **设计规划**。管委会可为所属部门筹划战略性、战术性及实施性方案，并必须与上级方案保持一致。但管委会可申请对上级方案进行变动。管委会及其所属部门应在不影响相关下属机构的条件下切实履行策划方案。若可能造成影响，方案的履行需征得上级机构或管委会的同意及配合。

● **协调整合政策方案**。管委会应采取措施确保下级机构的政策方案协调一致，并保证本级、下级的政策方案与上级不存在冲突。

需要注意的是，针对直接下级部门的协调工作应由该部门经理及上两级经理共同完成。除了最高层和最底层的管委会外，每个管委会都有成员参与下一级或两级部门的工作，因而他们不可能做出对下级部门产生负面影响的决定，否则，受影响的管委会可以通过参加上级管委会的成员提出请求修改。

● **工作生活质量**。管委会可以在不涉及他人的条件下自主做出关系到其成员工作生活质量的决定。如涉及他人，需经其许可。

● **提高绩效**。每年管委会中的下属成员都要一同决定他们的顶头上司可以做些什么令他们（下属）更出色地完成自己的工作。他们会将自己的建议排出先后次序，当面递交领导。领导会给出三种意见：（1）同意；（2）不同意但说明原因；（3）要求一段时间（不超过一个月）来考虑。

另外，管委会中的管理者也要对其下属提出提高绩效的建议。下属成员也可以像管理者一样对所提出的建议做出如上三种反应。

● **管理人员的任用**。管委会可以撤销管理者的职务，但不能将其辞退，只有管理者的领导可以做到这一点。

这就意味着管理者只有经过直属上级连同直属下级的许可方能担任其职务。

管委会可自行制定流程规则，但经一致同意才能执行。

由管委会主席（即负责的管理人员）指定一人在闭会期间收集各成员提交的议题，并在开会前分发最终议程。此人还要负责记录会议纪要，由主席审阅通过后分发给各与会成员。

最后，管理者的职责包括：

● 使下属不断完善现有工作。

● 鼓励并促进下属通过不断学习培训实现持续发展。

● 对（1）所负责的人员之间；（2）本部门与公司其他部门之间；（3）本部门与公司外相关机构之间的交流互动进行管理。

● 率领下属履行本公司宗旨。

内部经济

由于规模不断扩大，情况日益复杂，由一个中心对组织的经济进行有效管理变得越来越困难。当初的苏联就陷入这样的困境，继而导致其向市场经济转变，即戈尔巴乔夫时期的经济改革

（perestroika）。管理者面临的难题之一就是转让价格在传统组织中的频繁使用，转让价格就是某一部门将其产品提供给组织内其他部门使用时收取的价格。转让价格总是引起部门之间的矛盾，供货部门通常认为自己的产品或服务在市面上能获得更大的利润，而另一方则认为其他供应商的价位更低。总之，两边都觉得自己亏了，根本不能通过转让价格让双方达成满意的结果。集中控制的内部经济才会滋生转让价格，所以为了避免这些后果，应当采用另一种经济形式。

传统组织内部使用的产品通常只由组织内特定部门提供，这些部门经常得到上级的补贴。照此下去，它们将变得越来越官僚，对其他部门的服务需求反应越来越迟缓。显然，由这些官僚作风十足的部门为其他部门提供产品和服务，价格往往定得比市面上的高，因此产生了向内部市场经济转变的压力。

在内部市场经济中，每个为外部单位或两个以上（含两个）内部部门提供服务的部门（下文所述情况除外）都是一个利润中心。每个利润中心出售自己的产品和服务时可自行定价，也可以从任何渠道购买所需的任何产品和服务。利润中心的上级主管可以否决它的交易决定，但因此损失的利润或增加的成本必须由该主管做出补偿。这样，公司所有部门都不必以高于或低于完全自由的市场经济中的价格买进或卖出。

有些部门为公司内其他部门提供的产品或服务可提高公司的市场竞争力，如产品设计和研发，一般不允许向外部出售。所以，这些部门通常被视为成本中心，并从属于利润中心，由利润中心负责它们的有效运转。出于安全考虑，将其服务范围限制于公司内部的部门，情况亦如此。

下文是摘自 Energetics 公司优化设计的内部市场经济设计方案：

公司各部门应尽可能列入利润中心；其他部门为成本中心，与利润中心相互搭配。

这并非要求利润中心必须盈利，它们也可创造其他类型的优势（如声誉）。如属上述情况，公司应了解或设法了解取得这种优势的代价。

出于安全或竞争力等因素的考虑，将其产品或服务限于内部使用的部门可视为成本中心。但是，它们应当作为利润中心的一部分，这样它们的开支才能受到监管和控制，不至于变成反应迟缓的内部垄断部门。

任何部门均可以按照自行确定的价格将产品或服务出售给自己选定的买主，但成本中心在向外部客户出售产品和服务时，其上级管理者有权推翻其决定。

任何部门都可以考虑从公司内部或外部购进所需的产品或服务。但这些决定同样可以被否决。

当某部门考虑接受外部供应商的产品或服务，而这种产品或服务公司内部部门也可以提供时，应该允许公司内部的供应部门在对外采购还没完成时将自己的产品或服务的价格调至与外部同等的水平。但是，即便内部报价低于其他报价，购买部门仍然可以在上级主管同意的条件下出于非成本因素（如质量、运送或双重资源的考虑等）的考虑选择外部供应商。

当某部门有正当的商业理由从公司外部购进公司内部部门也可提供的产品或服务时，负责该部门的管理者可以组织本部门使用外部资源，但是这位行使否决权的管理者必须弥补买入部门因高价购进造成的损失。如果成本无法核算，上级主管也可以与购买部门的主管协商后让该部门从内部购买。

当某部门有正当的商业理由不想将产品和服务以买方认可的唯一

价格出售给公司内部部门时，负责买卖双方部门的直接管理者可以推翻这一决定，但必须补偿销售部门承担的价差。

对受到限制的部门提供的补偿费用，应计入行使否决权的管理者的开支。

利润中心所获利润要向公司上税（内部征税），于纳税年度的年初估算出适用税率并在（外部征收的）公司税金确定后进行调整。公司内部征收的税额不应超过公司作为一个整体所纳的税额。

公司的行政办公室同样应列入利润中心，该部门的税后开支由其收入冲抵。既然行政办公室也承担了利润中心的角色，它也要根据出资比例分取红利和股息。

总体来说，投入部门和产出部门要对投入的资金和运营资金负责。每个利润中心在运营中使用的资本净额需要向总经理室支付一定的费用。

利润中心可以将利润积累至一定额度。经管委会批准，可以按照上级政策确定的方式使用此项资金。限额以上的利润将交给上级主管，上级主管可以一定利率把钱拨给其他部门并以相同利率补偿交款部门。

对每个部门设定限额是基于以下考虑：额外资金的投入不能产生令人满意的回报，而上级主管能使资金获得更好的回报。

组织结构

许多组织机构每隔几年就重组一次，往往是费钱费时又影响了员工士气。但是，机构重组似乎是为了适应内外变化而不得不采取的行动。意识到这点就会引出这样一个问题：有没有哪种组织结构既能适应不断的变化又不需要重组呢？道康宁公司的 CEO 戈金（1974）找到了避免重组的方法，其中包含着多维度组织结构的思路。传统组织结构可用二维图表表示——纵向的权力分配和横向的责任分配——而多维度组织结构是三维的。

建立组织就是将劳动力进行职能划分和协调。不管组织是何种性质，劳动力的职能分类只有三种，即分为投入（职能）、产出（产品或服务）以及用户（市场）。投入部门包括其产出主要或只供组织内部使用的部门（如财会、研发、采购、邮件收发、计算机和人事等）。

产出部门包括其产出（产品或服务）主要由组织外部消费的部门，如通用汽车公司的雪佛兰部、庞蒂克部、奥斯莫比尔部、别克部以及卡迪拉克部。

用户部门由客户类别决定，顾客分类的依据可以是区域（如北美洲、欧洲、亚洲等）、接触渠道（如宣传册、网络、零售店、电视等）或人口统计学（如年龄、职业、种族、性别及收入等）。

劳动力职能划分的三种类型，其相对重要性通过各自在组织中的等级来体现。CEO 的下一级可以按一类或几类进行划分，再下一级亦如此，依此类推，每个级别都可采用一个或多个类别。

大多数组织通常会为了适应内部或外部条件的变化而改变划分劳动力使用的标准。如果组织中的每一级都采用了三个类型，就不需要为了适应环境而改组（见图 13—1），只需在部门之间重新分配资源。组织可以通过这种方式实施部署。

如同内部民主和市场经济一样，包括 Energetics 公司在内的许多机构都采用了多维度组织结构形式，该公司的优化设计对此描述如下：

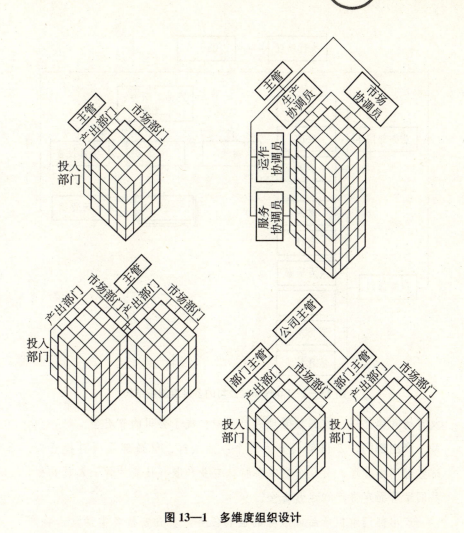

图 13—1　多维度组织设计

Energetics 公司的组织设置是多维度的，分投入部门（职能）、产出部门（产品或服务）和用户部门（市场）；另外，公司还设置了负责人事管理的行政办公室（见图 13—2）。

行政办公室。除 CEO 外，还有四位管理人员分管业务投入部门（业务操作）、行政投入部门（行政管理）、产出部门（产品和服务）以

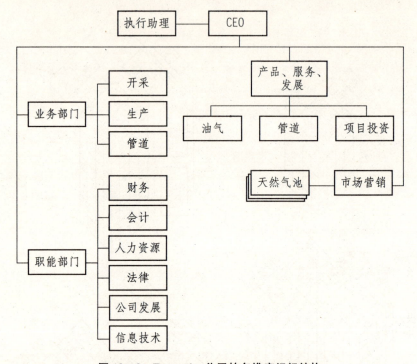

图 13—2 Energetics 公司的多维度组织结构

及市场营销部门。这四位管理人员共同构成了公司的管委会。

产出部门。产出部门分为三个：油气部、管道部及项目投资部。这些部门由管理人员及少数具备特殊专业和服务技能的骨干人员构成，共同掌管固定资产和运营资金。

产出部门承担产品或服务的盈利任务，负责安排各类活动，将产品或服务推向市场并回笼资金。

投入部门。投入部门负责开发和提供人力资源、仪器设备和一切产出部门所需的服务。每个投入部门至少要服务于两个产出部门，只为一个产出部门服务的职能部门可并入该产出部门（如只生产一种产品的设备管理部门可并入负责该产品的产出部门）。

这样的安排确保了产出部门不受制于其负责的投入单位，从而能够灵活应变。产出部门的员工不多，也没有任何设备，因而不需要任何投资，需要的只是营运资金。

投入部门有机器、设施，员工队伍的规模较大，所以同时需要投资和营运资金。投入部门有三个，即开采部、生产部和管道部；员工部门有六个，即会计部、财务部（主管税务、资金业务和审计）、信息技术部、人力资源部、公司发展部和法律部。

用户（市场）部门。最初的部门设置以油气的地理分布为基础，各用户部门分别负责向天然气池所在地区的用户销售、发送、运输本公司及其他公司的产品。

用户部门也可出售其他厂商的产品。用户部门代表公司与现有顾客和潜在顾客打交道；发掘新客户并了解产出部门的现实顾客和潜在顾客的新需求和愿望；根据这些需求和愿望提出对新产品和服务的要求和建议。就其宣传作用而言，用户部门负责观察环境的现状及趋势，挖掘他人对公司的期望；在公司内部代表受到公司影响的外部人宣传他们的观点；回应用户对公司产品和服务的反馈。

组织的学习和自我调整

多数组织只注重数据和信息的获得、处理和保存，但最近一些组织开始关注知识。其实可以学到的不仅仅是数据、信息和知识，还有理解和智慧。

● **数据**包含了代表事物特性的符号。未处理成信息的数据价值不大，数据与信息之间就如铁矿石与钢铁一般，铁矿石不炼成钢铁便没什么用处。

● **信息**包含了被处理过而变得有使用价值的数据。这些数据以描述的形式出现，也就是关于何人、何事、何时、何地、多少的答案。

- **知识**体现在指令中，即回答"怎么做"的问题。
- **理解**包含在解释当中，即对"为什么"的回答。
- **智慧**与成果的价值（有效性）相关，而其他四种心智内容与效率相关。效率关乎如何行事正确，而有效性则是做正确的事。

这五种心智内容组成了一个价值阶梯：数据价值等级最低，智慧价值等级最高。但是，大多数的组织，特别是教育机构，往往把最多的时间花在价值等级最低的地方。时间大多花在数据和信息上，只有极少的时间用于理解和智慧。

我们把一件错事做得越"正确"，我们"错得"就越多；倘若在做一件错事时犯了错而努力改正，我们只能"错上加错"；如果我们做一件正确的事情时犯了错并加以改正，便是"对上加对"。所以，把对的事情做错，胜于把错的事情做对。

组织（包括政府）遇到的重大问题多是源于将精力放在如何把错事做对上。例如，美国所谓的医疗保健体系保的不是健康而是疾病和残疾，其收入的主要来源是医疗而非保健。所以，尽管有个别的良好意图，该体系仍然维持所谓的治疗和延长寿命的需要，并且在制造疾病和残疾。要是每个人都健康，现行的体系就完全没有必要了。对治疗疾病做出补偿是错的，保持健康才应得到补偿。如果现行体系下的医疗机构必须用维护健康获得的钱来支付所有患者的医疗费，这个体系才算是做了对的事情。

行事正确不能让我们学到什么，因为我们已经知道怎么做了，但也许可以使我们掌握的东西得到巩固。我们只能从犯错中发现错误，在改正错误中学到东西。但无论是在学校还是工作单位，我们得到的告诫是：犯错是一件不好的事情。所以，我们渐渐地拒绝犯错或是逃避犯错，当然也就扼杀了学习的机会。如果错误没得到认识和改正，我们一样无法从中学到什么。

错误有两类：一是积极过错，即做了不该做的事；二是消极过错，也就是该做的事没做。例如，收购一家公司而造成严重损失属于积极过错；收购一家公司后可能获得很多的盈利，但我们放弃了收购，这属于消极过错。

组织更容易因为消极过错而陷入困境。没有领先进入台式机和个人电脑市场的计算机生产商处境艰难，没能进入数码摄像市场的胶片生产商也是如此。但是，在认定犯错就是坏事、就该受到惩罚的组织（如学校）中，最安全的做法就是什么事都别做。这是所有员工，不管处于什么级别，都不愿做出改变的主要原因。遗憾的是，在一个变幻莫测、暗流涌动的环境里，什么都不做无异于坐以待毙。

如果组织作为一个整体不学习，不调整，组织成员可以自己学习和调整。而整个组织要学习，就必须确保每个组织成员都可以在需要的时候获取其他成员的知识，即使在无法联系该成员的情况下。这就要求获取每个成员的知识并将其储存起来以便他人在需要时查询。

具体操作应遵循以下原则：

- 涵盖从数据到智慧这五个类型的学习；
- 涵盖积极过错和消极过错；
- 保证每个组织成员可以获得相关联的学习；
- 发现错误（包括两种类型）及其原因，并改正错误。

要监察所有重要决定，并查明是否与其期望和提出期望的前提产生偏离。对产生的偏离进行诊断，确定原因，然后制定纠错方案。如何纠错也是一个决策，也应当和先前的决定一样受到监察。改正纠错方案的错误让人学会如何学习，也加快了学习的进程。

Energetics 公司的优化设计也包括了学习和适应的支持体系，具体内容如下：

下面括号中的数字和字母提到了图 4—3 和图 13—3。方框代表功能，而不是个人或小组。之后你会看到，这些功能可以由个人、小组，甚至是用电脑和相关的技术完成的（在一些例子中）。

因为对学习的支持应该是连续不断的，所以对支持学习的系统的描述能够在任意一点开始。选择是任意的。

决策档案　日期：_____　　　使用的信息：_____

　　　　　　　编号：_____

　　　　　　　记录人：_____　　　_____

　　　　　　　确认人：_____　　　决策参与者：_____

关键词：_____

事件描述：_____　　　　　　决策制定的过程：_____

事件主要是□机会或□威胁（单选）　　　有谁负责执行？（如果有的话）____

结果：（单选）

　　□ 无决策　　□ 决定什么都不做　　　执行计划：_____

　　□ 决定做些什么（具体描述）____

_____　　　　　　　　　　　观察结论和评论：_____

正面论点：_____

反面论点：_____

期望的结果或效果和达成的时间：____

期望所依据的前提：_____

图 13—3　决策档案样本

我们先从投入（1）开始，包括有关组织行为和组织（内外）环境的数据、信息、知识和理解。投入信息通过投入供应次级系统接收，投入可采取多种形式，如口头或书面、公开或私下均可。

投入供应次级系统负责以相关性原则对获得的信息进行过滤和压缩，从而使吸收信息内容所需的时间最小化。

数据经过处理后转换成信息、知识或理解，所以数据处理是投入供应次级系统的必要环节。根据决策者发出的要求（3）将投入（2），即信息、知识和理解，发送给决策者。

决策者收到信息之后未必会觉得有用或正确，他们可能发现这些信息不可理解或是难以解读，甚至怀疑它们的有效性和完整性。所以，他们在收到信息后通常还会发出另外的要求（3）。这样的要求需要投入供应次级系统具备额外的两种能力。这个次级系统必须能够产生新的数据，也就是说，能够到组织及其环境中询问（4），从而获得更多的投入信息。同时，它还需要有能力使用先前获得或生成的数据、信息、知识和理解。这就要求它能够把数据储存起来，并在需要的时候重新调出来使用。不管是放在抽屉里还是存在电脑里，数据存储方式都是一种文件夹，文件夹也是投入供应次级系统的组成部分。

从（1）到（4）构成了一个"要求—满足"的循环，它可以一直循环下去，直到决策者得到了想要的所有信息、知识和理解，或是等到他们无论手头上有多少资料而不得不做出决策的最后期限。因为在一些情况中，他们可能会觉得，虽然仍然需要更多的信息、知识和理解，但考虑到耗费的时间和费用过多，只能就现成的资料做出决策。

结果就是一个决策，即决定做什么或决定什么都不做。决策包含着指令（5），其对象是组织中负责执行的人员。

指令是给别人或自己的一个信息，意在增加或维持组织的效率。决策当然就是要去做什么或什么都不做。

决策档案（6a）需要记录全部重大决策，无论是属于作为还是不作为。

所有决策均只有两个潜在目的：促成本来不会发生的事情，或阻止本来应该发生的事情。此外，总会有个希望达到期望效果的时间。所以为了控制决策，应当明确记录期望达到怎样的效果以及实现的时间。对于需要执行的决策也都如此。例如，现在做了一个决策要建新厂，对于完成时间、成本等许多方面都会有一个期望值。

有关内容都要经决策档案（6a）记录，并保存于静态储存和比较系统中。（决策档案的样本可参见图 13—3。）

人的记忆内容通常会随着时间的推移而得到修改，特别是预测和期望，所以采用静态记忆很重要。对信息的静态储存是唯一电脑能做而人类做不到的事情。

作为决策档案（6a）的内容之一，监测性指令也应送至投入供应次级系统，次级系统有责任检查预期目标、初衷、决策及实施中所用到的投入信息是否准确可行。上述信息一旦得出，应以监测性投入（7）的形式送至储存和比较系统，然后借助于决策档案（6a）和储存系统中监测性投入的相关信息，对实际效果、预期效果和初始目标做出比较。

如果比较系统没有发现期望与前提之间存在重大偏差，并且与监测性投入（7）报告的情况一致，只需将比较报告（8b）存入文件夹以供日后参考。

这些档案保存了所知道或相信的东西，所以储存方式应该便于重新调用，例如使用关键词就是个不错的办法。

如果比较系统发现了重大分歧，必须将偏差（8a）向诊断和对策功能汇报。

如有偏差，则证明预期目标没有实现或初衷有误。这时，需要对偏差进行判断以确定做过些什么，本来应该做些什么。判断的目的是找出导致偏差的原因，并制定纠正措施。也就是说，判断的功能包括解释错误，从而建立对错误的理解。

导致错误的原因只有几种，每种原因都要采用不同的对策：

1. 用于决策的信息有误。在这种情况下，投入供应次级系统必须进行改正（9b）以防再次发生同类错误。用于决策的信息有可能来自监督功能（这将在后文讨论），所以它也有可能需要改正（9e）。

2. 决策者的失误。在此类情况下，他们需要改正（9c）。

3. 决策本身可能是正确的，但执行不当。此时，组织中负责执行该决策的人员需要改正（9a）自己的行为。

4. 内部或外部环境发生了意想不到的变化。这时必须找到更好的办法来预测此类变化，或降低对此的敏感度，或减少变化带来的影响，或尝试影响环境（9d）。

诊断和对策功能通过以上几种方案可以确保学习和适应。

考虑一下，与原先的决策毫无关联的威胁和机会是如何被辨认和识别的？"症状"指示某个机会或威胁存在。症状通常是在异常对或异常错的情况发生时的一个变量，它几乎不会出现在情况正常的时候。例如，发烧就是异常的高体温，常常与疾病而不是健康联系在一起。

将变量当做症状是组织或其环境的行为特性。通过灵活应用，这些变量也可以变成症候或预兆，即预示着未来的机遇或问题。症候是一种非随机的正常行为，如一种趋势、一种（统计学上的）走向或一种循环等。例如，体温升高的趋势，如果不与之前的体温作比较而是单独来看，每次量得的体温都在正常范围之内，然而持续的升高就表明要发烧了。针对非随机性有许多统计学上的测试，从而可以得出症候，许多症候是我们的肉眼无法辨识的。

一个完整的学习和适应系统会定时获取内部和外部性能指标的相关信息。投入（10）的部分信息具有症状价值（指示当前的变化）和症候价值（指示日后的变化），这些信息将用于向诊断和对策功能报警（11a）。结果（11b）要录入投入供应次级系统。

对偏差（8a）的分析以及用于报警（11a）的症状和症候可能会揭示威胁和机会（12），这些威胁和机会将发送给决策者。

只要诊断和对策功能指示了某个变化，就一定要做相应的诊断性和说明性的决策档案（13）。该档案（不同于先前决定的决策档案[6a]）被发送到储存和比较系统中，以便将它的内容与投入供应次级系统提供的监测性投入（7）作对比，用以回应这个决策的监测请求。

如果发现偏差（8a），将立即向诊断和对策功能报告，然后执行改正措施。这些改正措施可能需要诊断和对策功能进行改正（14）或是做出之前说明的几种类型的改变。

这些改变可以让组织和组织内的人员学会如何学习和适应。

如果文件夹中的每个文件都有相应的关键词，而这些关键词都来自投入供应次级系统提供的词汇表，并且每个人向次级系统提供的关键词反映的是自己关心的事，即概要信息（t5），那么他们每个星期或

每个月就可以拿到具有相关性的所有文件的名单。摘要和全文可以根据要求提供。

人力资源开发

除了以上四个在优化设计中经常提及的内容，还有很多更细的环节，主要涉及人事、社区关系和机器设备。Energetics 公司处理这些事务时采用了下面的做法：

（1）通过商讨使全体员工清楚地了解公司给每个人设立的目标；（2）提供技能培训机会，使每个员工能够更好地开展工作并提高自身的就业能力；（3）给予员工充分的权利和资源，使其能够尽其所能把工作做到最好；（4）对每个员工的绩效进行定期的意见反馈；（5）为员工安排令其满意且富有挑战性和趣味性的工作。

期望

上司要与每个下属讨论，达成一致意见后，共同确定公司对其设立的期望。在公司政策允许的范围内，下属员工可以自行选择实现期望的手段。

每个员工都有机会在上级的帮助下制定自己的职业发展规划，一经确定，将交由上司负责监督实施。

职业发展规划应注重专业的发展而非职位的升迁。

公司要给予相应的时间和资金帮助员工获得公司要求的技术资质、鉴定和执照等。如果员工想获得公司时间和资金上的支持来发展其他工作中用得上的技能，就必须获得首席财务官和培训部门主管的批准。如果员工进行的学习培训只关乎个人发展而与公司无关，公司就不会给予时间上的支持，但在首席财务官和培训部门主管的批准之下可以给予一定的资金支持。

如果通过协商，员工在公司中的职业规划发生了变动，公司就要对员工进行必要的再培训。

全体成员要鼓励、认可和奖励创新，包容创新过程中的失败，把失败当做学习的机会，而把不学习看成是严重错误。

CEO 以外的所有经理或主管都应向人力资源主管提交推荐继任人或候选人名单，并与上司就此进行讨论。如果不能指定继任人或候选人，也应当说明此事，以便他人为最终的更换进行适时的计划。

绩效反馈

上司应对下属进行及时有效的绩效反馈，同时也鼓励下属对上司的绩效提出意见和看法。

上司应针对下属的绩效及其个人职业规划的进展与其进行至少一年一次的面谈。如果条件允许的话，上司应在谈话之前收集该下属的同级、下属或顾客对他的评价。

经理或主管对下属的绩效考评工作及其为下属实施个人职业规划提供的帮助，也属于他的上司对他的考评内容。

报酬与福利

基本薪水的确定以公司的销售收入和资产规模为依据，奖励性报酬的确定以个人绩效和公司业绩为依据。

公司为每位员工提供灵活且具有竞争力的一揽子福利，其灵活性体现在按个人需求设计一揽子福利。绩效优秀的员工能获得 20％的封顶奖金。优秀员工可以度休假年，其间的薪水为六个月的全薪或一年的半薪。

招聘与录用

公司鼓励员工学习关键技能，即那些能扩大和增强公司智力资本的技能。

公司鼓励员工与外界进行广泛的联系，为公司储备具备高新技能的后备人才。

如果条件允许的话，由招聘岗位的部门经理或主管对外部应聘者进行初始面试。到了后期的关键面试，必须有高层经理出面，以便在与应聘者的讨论中提供公司相关信息。此外，不管是内部招聘还是外部招聘，应聘者将来的同级及下属（如果有的话）也将对应聘者进行面试。在决定是否录用时将考虑各方意见。

应聘者被录用后，要经过一段时间的考察（如六个月），公司将在此期间明确表态是否继续留用。

公司倡导并鼓励为学生提供暑期实习。人力资源部门和相关负责经理要对实习雇员和联合培养的学生进行认真的管理和监督。应给实习生安排有意义的工作，让他们有机会发展自己的技能。人力资源部门负责对实习生的表现进行记录，实习生的经理则负责写评语。

新员工进入公司后将经历一个适应期，人力资源部门将通过会面或视频介绍把新员工介绍给公司管理层。

经理可以为其负责的部门招聘新人。如果他领导的是一个利润中心，就不需要获取上级批准；如果不是，就必须先获得所属利润中心的批准。

岗位招聘

在没有明确的继任人的情况下，除了因为调职产生的职位空缺，绝大多数岗位招聘都应在公司内外公布。职位调动应尽可能考虑当事者的意愿，且必须获得两个相关部门的主管同意，没有正当理由将不得阻止调动。

解雇、辞职和退休

由被辞退人员的直接上司向其解释辞退的原因。

受雇两年以上的工薪员工在辞职或被解雇时，人力资源部门会与之进行谈话，以确定他们离开的原因。如果可能的话，会在一年后对他们进行后续访问，征求其对改善公司运营管理的建议，谈话结果应告知涉及的管理人员。

人力资源部门要分析被辞退人员和自动离职人员的人口特征和其他特征，进而确定公司的做法能否改善以及如何改善，每年至少撰写和发布一份这方面的分析报告。

人力资源部门会在退休员工离开公司之前与之谈话，探讨如何改进人事政策。上述分析报告也将包括对退休员工的分析，员工在退休之后仍有机会回到公司做兼职工作，人力资源部门要建立起与退休人员的联络机制。

终止雇佣合同的员工通常经管理层裁决后会获得一笔遣散费，但是对于因为工作表现差而被解雇的员工，除非有相关主管的批准，否则公司不会向其发放遣散费。因为部门缩编被裁掉的员工可获得遣散费。

人事政策的审核

人力资源部门至少每年要对所有人事政策进行一次审核，以确保政策得到正确有效的实施。如发现不足之处，应及时提出修改建议，并形成报告提交由 CEO 负责的管委会。

沟通

所有管理人员可随时与下属通过面谈或电子媒介进行沟通,以任何方式对管理者提出的问题应尽可能在三天之内得到回复。收到大量沟通信息的管理者可以请助理对这些信息进行过滤,把需要亲自回复的整理出来,其余的由助理代为回复。

公司的每个区域分部每年至少开一次员工交流会,汇报公司的状况,为员工提供向公司管理层提问的机会。

每个季度发布一份简报,员工可以在简报上进行署名提问,问题将由被提问者答复。

每个员工都有接入电子邮箱的终端。

每个公司所在地都会安排监察员,监察员并非公司的一般员工,而是由公司聘请的具有相关专业背景的外部人员,如当地学者或神职人员。他们在公司中没有权力,只能通过建议和游说推动变革。他们要对收到的投诉进行分析,对相关管理人员提出建议。

为了保护来访者,监察员的办公室应远离公司的办公区。

公司鼓励各个级别的员工多拜访供应商、顾客和其他相关组织。

社区关系

公司继续鼓励和支持员工参与旨在提高公司业务所在社区生活质量的活动,参加这些活动的员工既在当地获得更高的认知度,又宣传了他们为社区做出的努力。公司自身将作为一个社团参与这些活动。

公司选址时,应当慎重考虑周边的社区关系。

公司还将鼓励和支持员工加入行业协会、工程协会及其他相关团体。

CEO负责的管委会为社区关系(包括行业协会和职业社团等)分

配资金，每个公司分部也会有自己的专用资金。

设施与设备

理想情况下，公司应当位于交通便利的地段，通过缩短交通时间为员工提供高质量的生活。

就建筑和设备的质量而言，公司的每个办公地点保持一致。

建筑和接待区应当引人注目。总体来说，办公区应采用开放式，以便于所有人员的互动。此外，也要为开会和注重个人空间的员工提供玻璃隔断。

第 14 章

声乐艺术学院（非营利组织）

第 5 章谈到了费城的声乐艺术学院。本章将以该机构为例，详尽地阐述如何进行非营利组织的优化设计，希望能为有意从事该项事业的人士提供富有价值而不失趣味的参考。

⟳ 概述

在过去的几十年中，参与式规划常常被用于促进组织的变革。但是，其中成功的例子大多不具备典型性，还没有一个能够成为值得广泛推广的模式（Allen，1999）。除此之外，一些所谓的参与式规划只是有名无实（Roth，1997，p.42）。Kay（2000，p.27）曾指出，大部分人都认为牛津大学实施的规划是失败的，因为其参与性只流于形式，没有得到深入贯彻。

遍查各类公开的文献，在参与式规划方面，成功的案例实属罕见，人们参与的积极性普遍难以达到计划得以成功实施所需要的程度。组织必须学会如何调动所有利益相关者的积极性，以有效地执行计划。正如威尔科克斯（Wilcox）所解释的：

积极性的反面就是漠然。人们只有在想要实现某个目标时才会投入其中，如果没有这种想法，则会采取冷淡的态度。是什么激发人们对事物产生积极性呢？根据我的经验，决不会仅凭告诉人们"你要多上心"，开个集体大会或分发一堆印刷精美的传单，然后就期望人们热情高涨。以我之见，人们……只有当感觉到自己可以实现什么的时候才会积极投入（Wilcox，1994）。

下面我们来看一个组织参与式规划的成功案例并解析它成功的原因。

相关组织的介绍

声乐艺术学院建校 67 年以来，只专注于为那些具有在顶级歌剧院演唱潜力的年轻歌手提供免费的高级训练和演出经验。声乐艺术学院早些年就已取得不错的成绩，世界各地越来越多的人申请参加试唱，这是入学的唯一机会。相当一部分的毕业生在美国及海外的歌剧事业中显露了头角，当中也会出现几名国际巨星。到了 20 世纪 90 年代初，声乐艺术学院步入了一个自足的稳定阶段。但是，它的知名度只限于业内的行家，就像是"费城最不为人知的秘密"，因而筹到的资金比期望的要少。

规划进程

1996年，声乐艺术学院决定着手开展"长期（战略）规划"工程，紧接着就采用了互动式规划的方法。促使声乐艺术学院进行战略规划的因素是多方面的，不仅有来自资助机构的要求，领导层也希望借此机会提升组织绩效。代表了各方利益的百余名利益相关者（包括老师、学生、管理人员、捐赠者和董事）历经六个月的时间，运用专业的动员和指导，参加了对组织的重新设计。[1]规划过程采用了艾科夫的"互动式规划方法"。规划既是一门艺术也是一门科学（Ackoff，1999，p.55），因此，要说清做好规划的一整套步骤并非易事，至多只能提出一个建议程序作为指导，但是这个程序需要根据规划者、组织和规划运行条件的特点做出调整和变化。

互动式规划不是一项行动，而是一个循环过程。这个循环过程由六个阶段组成，在时间上没有终点，它会不断适应变化着的内部条件和外部条件。六个阶段形成互动并且可以任意排列，但所有阶段必须共同完成。

1. 识别谜团（形势分析）

此阶段的目的在于，假设组织以当前状态运行下去而没有尽可能地适应多变的环境，它将如何走向毁灭。

2. 目的规划

此阶段要为组织树立一个愿景，随后找出现状与愿景之间的差距，规划过程的其他阶段都是为了消除或缩小这些差距。

3. 手段规划

此阶段的要点在于明确消除或缩小差距应该怎么做，选择哪些行动方针、做法、计划、方案和政策来予以执行。

4. 资源规划

此阶段确定实施选定的手段需要哪些类型的资源以及用量，包括机器设备、材料、能源、服务、人力、资金、信息、知识、理解和智慧。

5. 执行规划

此阶段明确由谁来做什么事及在什么时间完成。

6. 控制规划

此阶段要明确如何监控任务和进度，说明在跟不上进度或达不到期望的时候怎样做出调整。

互动式规划与"专家规划"有很大的不同，后者是基于少数几位专家的领悟能力而产生的一系列设计方案。传统的规划是回顾性的，互动式规划则是前瞻性的。在传统的规划中，规划者往往专注于现有系统元素的预测性能。摒除不想要的并不等于能够得到想要的，其实消除了缺点可能会导致更糟糕的结果。应急规划所针对的是在规划过程中可能发生的意外情况。把系统内部的所有互动以及系统与外部环境的互动都考虑周全，从而使每个问题都可以得到系统解决。除非某个元素性能的提高证实能够提高整个系统的性能，否则将不会对提高某个元素的性能制定规划。

互动式规划中最重要的产物是过程而非计划。参与者逐渐了解设计的系统以及系统为什么要以当前的状况运转，也就是说，随着所有内部和外部的互动，互动式规划会导致组织历史性的转变。

目的规划中提出的愿景未必能够实现，但必须是可以不断接近的。愿景要随着时间的推移而不断改进，所以它不是乌托邦式的。因此，愿景描述的不是一个完美的系统，而是一个理想目标寻求系统，也就是当前所能构想的最好状态。

规划一个理想目标寻求社会系统的过程通常会引发以下结果：

1. 系统内许多利益相关者的直接参与变得更容易。因为没有人是专家，所以不需要什么专门的技术；所有价值导向的意见具有同等的相关性。规划过程鼓励细心的态度和有见地的看法，并提供机会把这样的态度和看法投入到运作中。

2. 参与者与其他利益相关者更容易达成一致。在一个组织内，容易产生分歧的症结是手段而非目标。优化设计的过程关注的是目标而非手段，并能综合对备选手段的测试以减少矛盾和分歧。

3. 优化过程促使参与者向组织明确阐述他们对组织目标的认识。这有助于他们的观念被公开并受到他人的检验，从而推动目标的制定和共识的深入。

4. 优化设计旨在推动创造力，它鼓励参与者看清自我施加的限制，这样更容易打破限制。它还促使对外部强加的且通常被动接受的限制予以重新审视。探究如何打破限制或规避限制的方法，通常也是取得成功的关键环节。

5. 此过程显示，将系统规划设计的每个元素彼此割裂开来似乎是不可行的，但将其作为一个整体来看又是可行的。

应用

管理层和辅导团队在早期的讨论中已做出如下决定：

1. 由于诸多的限制因素，包括向潜在的资助机构提出申请的期限以及基于董事会和管理层坚定地致力于互动式规划过程的事实，识别谜团（形势分析）阶段被略过。（这仅限于组织当时所知的情况。）

2. 由百余名利益相关者参与目标规划，此阶段在一天内完成。

决定了由百余名利益相关者参与目标规划之后，辅导团队针对"必要的多样性"作了周密细致的准备，包括参与者、会议地点以及组织会议（包括四个小组和四名辅导员。辅导员必须熟悉互动式规划过程和系统思考范式，特别是能够熟练地协助参与者在一天之内变成规划者）。

此外，辅导员经过多次会议讨论达成以下共识：

1. 辅导员把为参与者提供平等的机会和愉快的体验以及建设共识作为目标，可自主决定采取何种方式活跃自己的组员（主要通过引导会议流程达成会议目的，这通常是每个小组事项的组织形式）。

2. 鼓励参与者多沟通而不是争辩，这样每个人才有机会提出自己的看法。所有的贡献都记录在大海报上并张贴在各会议厅的墙上，这样便营造了一种不断前进的氛围，也让人们认识到辅导员的角色是协助开展规划活动而非领导者。

3. 参与者可在会议结束前对当前提出的所有意见进行质疑，使整个团队表达的价值观和理想得到评估和更深的认识。

4. 会议开始的前一个小时，参与者要陈述组织当前的状况及其相关的业务环境（通常会变成一个"牢骚会"）。

5. 接下来进入规划会议，此阶段在开始时就在参与者的思维过程中制造一种"非连续性"。（用艾科夫描述他在贝尔实验室经历的磁带为第一部分到规划部分的过渡打好基础。）

6. 每位辅导员要保证禁止参与者在规划过程中说出他们不想要什么，而只许他们说自己想要什么。要注意提醒参与者不要详述现有的系统，否则就与"电话系统昨夜遭到了摧毁"的情境设计背道而驰了。现在，参与者可任意地按照自己的想法替换现有的系统。

7. 参与者对每个人的贡献都进行鉴定之后，才能达成对具体的规划元素的承诺。问题之间的相互关系将受到重点关注，并且每个人都有机会根据向他人学到的东西修改自己的观点（Schön，1992，p. 3）。

会议由各位常务董事作开场白，由一位辅导员对规划目的、活动的本质和为了达成此次会议的目的建议采取的步骤进行简要解释。开场白要直接进入第一部分，该部分持续时间为一小时，着重讨论当前的状况。在进入休息时间之前，播放艾科夫的磁带，其中讲述了他重新设计贝尔实验室电话系统的经历。这盘磁带为下面的会议奠定了基调，即号召参与者（通过非连续性思考）充分发挥创造性来设计自己的理想系统。之后，把所有人员分成四个小组。为了启动声乐艺术学院未来的理想化工作，每个小组配有一名辅导员。第一个规划环节持续至午餐休息时间。

在休息期间，辅导团队和管理层共同观察各小组的情况，从中发现是否存在必须解决的问题（Schön，1983）。在接下来的讨论中会发现，有些人对这样的安排确实感到不自在，也很难理解之后的任务与总体的相关性。此外，一些小组中的个别成员试图在讨论中占主导地位，有些人则设法告诉别人应该怎样做，表现得像个专家。

一些参与者很难理解辅导员的角色定位，在这样的工作中这种现象是很普遍的。他们很难把辅导员与顾问区分开来，顾问的任务是听取客户的意见并提供解决方案；辅导团队的任务则是记录所有的贡献，激发每个关键性的讨论，通过不时地要求解释说明来激发小组成员提出更多更深刻的见解。

某个组在遇到一个近似矛盾或两极化的问题时，辅导员会采取重构问题的办法来进行处理。他会把问题带出"非此即彼"的论调，引导大家认识到两个规划理念是可以互补共存的，两者之间可以构建紧密的合作。

每个小组选出一位发言人或一个汇报团，在下午的全体大会中汇报工作。每个小组都应当把全体大会看成是一个"思想集市"，可以在这里向别人"借"思想，也可以把自己的想法"借"给别人。每个小组有 15 分钟的时间进行汇报和回答几个问题。第一轮的全体大会结束后，各小组根据各自的学习情况分头讨论自己的工作，一两个小时之后再聚在一起进入最后一个环节的全体大会。

回到全体大会后，各小组将展示各自的讨论成果，即他们想对声乐艺术学院进行的优化设计。在陈述过程中会发现，四个设计方案有很多相似之处。各小组陈述结束后，辅导团队以共同参与的方式将四个设计方案综合成一个方案。

通过设计者们的一致同意，这个"全新"的组织将承担以下使命：

声学艺术学院的使命是建设成为世界一流的培养年轻国际歌剧演员的机构。为此，声乐艺术学院将：

- 只接收高素质的住校学员；
- 为每位学员提供全额学费和奖学金；
- 为学员提供演唱会、清唱剧和专业歌剧表演的机会；
- 在大型社区演出。

接下来，声乐艺术学院描绘了在没有任何内部限制（外部施加的限制是不可避免的）并且能够得到理想结果的情况下学院的未来。规划者寻求一个愿景，即一个能让所有的利益相关者达到自己对声乐艺术学院的期望的系统。

参与者下一步要明确愿景与现实的差距，然后制定出一套综合的战略性和战术性行动方案，以在最大范围内实现愿景。之后的五个月内，下辖于董事会的长期规划委员会的每个成员带领一个小组，针对缩小差距和实现计划提出行动方案，再由委员会对各项建议方案进行审核修改，最终形成一个战略性规划供董事会审阅和采纳。

有些规划的行动具有创新性。可能成为最终规划的大多数行动方案，最初都是由参与者考虑了很长时间，但他们缺少或自认为缺少实施的权力和资源。特别是，通过对话和辅导，参与者在规划过程中逐渐形成对组织愿景的清晰认识，进而在此基础上激励和影响他人，而获得他人的支持是至关重要的。

↻ 实施情况

自 1997 年规划启动以来，许多方案已得到了实施，其中不乏一些

最具挑战性和最有难度的计划。头三年计划实施 40 多个方案，已有
30 多个按期完成，其中较为突出的成果有：

- 设立了 13 项奖学金作为与免费培训相配套的生活费补贴；
- 购置了隔壁的一幢建筑风格相似的楼房以满足对额外空间
的需要；
- 捐助基金增加了 700 万美元（声乐艺术学院先前获得的
1 000 多万美元的业务收入都来源于捐赠基金）；
- 开展了一系列的地区试唱；
- 建立了清唱剧培训计划；
- 提高了媒体的关注度，包括当地的全国公共广播系统的专
题报道。

其他规划被推迟，大多是因为人手不足未能完成，但仍在执行过
程中。即便有几个方案因为少数反对者的抵制（通过搁置否决权）而
被推迟，全体组织对战略性规划的热忱拥护在总体上也并未减弱，所
以规划实施的持续性是有保障的。

结果

尽管现在评价这些行为对组织使命的长期影响还为时过早，但已
有初步迹象表明结果是可喜的。例如，组织的专业资源、物资和财政
资源增加了，学院被一家大型的慈善基金会誉为当地的文化先锋队，
并获得了全美音乐院校协会（National Association of Schools of Mu-
sic）的无条件认证。更重要的是，越来越多的毕业生在歌剧界崭露头
角，获得成功。

追踪实施情况，定期审视环境，及时更新规划，这些工作使得声
乐艺术学院步入了正轨。但是，有些问题仍未得到解决。作为一个志

愿性组织，其活力的保持需要依靠不断更换管理层成员来实现，但组织邀请新成员进入规划过程的最佳时机和方式还未确定。

　　声乐艺术学院决定以五年为执行现行战略性规划的期限，所以目前正在筹备，将在 2002 年 1 月进入新一轮的互动式规划。

影响评估

　　与其他互动式规划的例子相比，声乐艺术学院从推行互动式规划的开始阶段便具备了一系列关键的有利条件：

- 管理层对将要采用的方法论有清楚的认识并坚决拥护；
- 没有任何参与者（包括管理层）或辅导员怀有异心；
- 据辅导员可以确定的情况，没有人抱着不为人知的政治目的；
- 组织内部的各个分支之间和领导层之间，包括执行董事和董事会（特别是董事会主席）之间相互信任；
- 从某种意义上说，声乐艺术学院的每个利益相关者都是进行自我选择的个体，他们对歌剧共有的热情营造了一个有利于实现共同愿景的环境。

　　有些管理层喜欢跟风，经常朝令夕改。而相比之下，声乐艺术学院的管理层很少出面干预，因此整个规划过程获得了很高的可信度。

　　声乐艺术学院正在发生可喜的变化。最近，为了尽可能准确地确定规划过程是否产生了预期的效果，笔者[2]邀请参加了规划过程的所有利益相关者描述学院的高点和低点并说明原因。

　　多数回复认为互动式规划过程是声乐艺术学院的高点，对实施规划产生的影响持肯定态度。对这些回复的分析以及后续的问题揭示了以下主题：

- 通过所有利益相关者的参与和改变他们对组织及其环境的理解，互动式规划让声乐艺术学院发生了根本性的改变（"董事了解了谁是学生"）；

- 通过多种视角进行决策（"董事甚至听取了学生的建议"）；

- 互动式规划过程让大家都能参与其中（"这使每个人都步调一致"）；

- 声乐艺术学院变得积极主动了（"有些想法得到了讨论"）；

- 可自由讨论的话题范围拓宽了（"想要做事的人能够听到别人的意见"）；

- 辅导员逐步了解了基金筹集的重要性；

- 组织成功地完成了目标（"买下隔壁的楼房是个很大的成就"）。

此后，为了更深入地评估影响，笔者对回复者作了进一步探究，发现了一些新的主题：

- 围绕愿景达成了共识（"在得到参与者广泛支持的同时，愿景的元素得到了丰富"）；

- 组织赋予大家做事的权力（"想要做事的人得到了合理的理由和做事的积极性，我们多年以来一直想买下旁边的那幢楼"）；

- 对权力进行了重新分配（"董事会、管理者和普通职员都改变了自己的角色"）；

- 辅导员的客观性对整个过程很重要（"研究人员不拿钱也没有其他用心"）；

- 程序对内容有正面影响（"［因为］程序对参加会议的所有人都产生了影响"）。

显然，有才能的人更容易受到启发，更容易有所发现，但通常是规划团队找到了解决方案（Northcraft et al.，1990，p. 302）。团队成员才智的结合——通常代表了不同学科——能够创造易于产生新思想的环境。重要的是要把经验、技能进行恰当的组合，从而使各人知识和理解的组合能够集中于某个问题。事实上，各种因素的相互影响，如参与者、场所、辅导员和互动式规划的催化作用等，才能实现上述条件。

参与互动式规划过程的结果无疑会受到该社会系统独有的一系列因素的影响，但是，所有互动式规划的成功应用应当归功于某些普遍适用的程序。

结论

确保规划能够服务于组织意图的最佳方法是让尽可能多的利益相关者参与制定计划，但有了利益相关者的参与并不能保证项目获得真正的参与热情。参与者需要一个培养才能的环境，也需要有人来领导，还需要赋予他们整合获得成功的技能和想法的权力。有效的辅导在很大程度上有益于以上条件的实现。

规划过程对声乐艺术学院内部的社交进程产生了有益的影响，特别是人与人之间的互动，还有决策、政策、价值规范、态度、权力和责任。

互动式规划激发了热情和承诺。最重要的是，通过赋予利益相关者权力提高了他们的积极性（Blanchard，1996，p. 90）。互动式规划基于组织内部所有的期望，提供机会让利益相关者重新规划自己的未来，从而对学院的前途进行重新规划。所以说，利益相关者是这项计划的主人翁。

通过增强利益相关者对学院前途的兴趣来激励他们为提高组织的发展潜力做出努力。他们在规划过程中的角色使他们更关注学院未来的福利，这与他们个人的利益息息相关。因此可以说，这样一个规划学院前途并为之努力的机会激发了利益相关者对行动的渴望——促使他们将精力集中于新系统的优点而非旧系统的弊端。

尽管我们已经介绍了调动积极性是参与式规划过程的主要产物，但必须依靠信任来维持规划过程产生的热情。Harkins（2001，p. 46）曾写道："信任始于坦诚，当人们彼此相互了解时，相互之间的信任感才会逐渐加深。只要坚持言行一致，事情就很简单了。"

范式的变革和信任的建立对于艾科夫（1999，p. 274）所说的组织发展和转型性领导是非常必要的。

转型性领导必须具备鼓励和推动建立一个鼓舞人心的愿景的能力，同时还需具备组织资源追求愿景的能力。"得不到实施的灵感只是挑衅而非领导；缺乏灵感的执行也不是领导，而是经营或管理。"

从声乐艺术学院不断取得的成功来看，声乐艺术学院已经具备了完成组织变革所需的领导和过程，即通过激发灵感将计划付诸实施。

↻ 参考文献

Ackoff，R. L. 1999. *Re-Creating the Corporation：A Design of Organizations for the 21st Century*. New York：Oxford University Press.

Allen，W. 1999. Participatory Planning and Management，NRM Changelinks，http：//nrm. massey. ac. nz/changelinks/co _ man. html (2/27/01)．

Blanchard，Ken. 1996. *Empowerment Takes More Than a Minute*. New York：MJF Books.

Harkins，P. 2001. How to use powerful conversations to drive systems thinking，*Journal of Innovative Management*，Volume 6，

Number 2: 45 – 53.

Kay, J. 2000. A lost cause, *PROSPECT*, December: 22 – 27. Bristol, England BS32 OPP.

Northcraft, Gregory B. and Neal, Margaret A. 1990. *Organizational Behavior—A Management Challenge*. The Drydent Press. p. 302.

Roth, William F. 1997. Going all the way with empowerment, *The TQM Magazine*, Volume 9, November 1, pp. 42 – 45.

Schön, Donald A. 1983. *The Reflective Practitioner*. New York: Basic Books.

——1992. Designing as reflective conversation with the materials of a design situation, *Knowledge-Based Systems*, Vol. 5, No. 1.

Wilcox, D. 1994. The Guide to Effective Participation, Partnerships Online, UK, http://partnerships.org.uk/guide/index.htm (3/12/01) .

第 15 章

白宫通信局（政府机构）

马奇·拉里·雅克（March Laree Jacques）

本章以白宫通信局为范本介绍政府机构的优化设计，白宫通信局在本书第 5 章中有所描述。本章为有意对政府部门或机构进行优化设计的人士提供了有益而详尽的范本。

↻ 概述

白宫作为一个组织机构，与星条旗、自由钟、宪法和《独立宣言》一样，同属于美国民主的象征和美国理想的实体代表。不同的是，白宫这个占地 18 英亩的建筑物是一个由人构成的网络，是众多相互关联的政府部门的所在地，这些部门共同协助美国总统执政。许多政府部门的总部设在这里，如情报局、食品和药物管理局以及拥有 800 名员工的通信局等。白宫既是自由和民主的象征，也是一个指挥控制机构。

1992 年，白宫通信局聘请杰拉尔德·苏亚雷斯博士前来建立一个部门，专门负责改进组织流程，这是白宫历史上进行组织改革的开端。当年 12 月底，苏亚雷斯变成了典型的独行侠：一位拥有工业组织心理学博士学位和研究背景的平民被推上了一个快节奏、高科技的军事机构的舞台。今天（1999 年），苏亚雷斯的名片上仍然印着"白宫通信局总统质量管理主任"的字样，而且通信局的总统质量暨组织流程改进部门已增加到八位成员，继续致力于通信局的组织改进。重要的是，在过去的六年里取得的可喜进步足以让通信局乐意将自己的改革历程公之于众。通信局改革之初采用了戴明博士倡导的方法，此后采纳了罗素·艾科夫博士提倡的系统思考观，对组织机构实行了整体重建。

通信局的经历能够给实践者带来莫大的启示，使之更加深入地了解一个组织在改革过程中会遇到什么样的障碍，继而会采取怎样的措施予以克服。通信局遭遇的困难对于这样的改革者而言是再熟悉不过的了，他们已经习惯了与高科技的专业队伍打交道，无论是在等级森严的政府部门还是任何类似的组织环境中，还是服务于重要的客户，抑或是在决策受公众高度关注的条件下推行改革。对于研究者而言，通信局的经历提示他们需要对社会系统理论和质量管理之间的关系，特别是与非连续性改进相关的方面进行更深入的研究，同时也提示研究者深入调查是哪些因素影响了质量改进和组织规划的概念在商业组织和政府机构之间的可转换性。

初识白宫通信局

白宫通信局是联邦政府的一个部门，负责总统及总统办公室的通信事务。通信局通过即时满足各方面的通信需求来协助总统办公室，包括日常通话、公众演讲和高度机密的密码电文等方方面面的工作，当然还有许多在平常人看来稀松平常的琐事。

例如，有人打电话找总统，不管是从哪里打来的，都由通信局把电话接过去。（试想一下挂断戈尔巴乔夫的电话或是叫叶利钦等着该是怎样的景象！）当总统坐着豪华轿车穿梭于华盛顿街道时，通信局监控所有打到总统手机上的电话。当总统在"空军一号"上收到高级机密信息时，通信局在忙活着。当总统在阿富汗或是世界上其他地方发表演讲的时候，通信局需要提供公共广播系统、摄像、图像处理、声像编辑存档、电文发送、声像发送、讲词提示、总统的演讲台，等等。除此之外，如果副总统或第一夫人代表的是总统的身份，通信局的职责范围也将包括他们。无线射频系统、信息系统和网络设施都由通信局负责。

从狭义上而言，白宫通信局的客户是美国总统、副总统和第一夫人，但它还要协助参谋长、行政办公室、国家安全局、国防情报系统机构、美国特勤局、总统职员及"其他指定对象"。广义上来说，白宫通信局服务的是美国公民和自由世界。

从组织结构来看，白宫通信局隶属于国防部。通信局 1942 年成立，当时名为白宫信号特遣队（White House Signal Detachment），其在罗斯福政府时期的任务是为总统提供正常情况和紧急情况下的通信支持。特遣队最初的工作是在白宫和戴维营（时称香格里拉）提供移动无线电、电报、电话和密码服务。1954 年艾森豪威尔执政时期，特遣队改组，编入美国陆军通信部队，改名为白宫陆军通信局（White House Army Signal Agency），1962 年编入国防通信局并启用现名。现在，通信局接受白宫军事办公室的指挥并由国防情报系统机构进行行政监管。通信局成员来自各个军种部队，通信局指挥官拥有准将军衔。

↻ 背景介绍

20 世纪 80 年代末，质量管理开始进入政府机构，里根政府设立了联邦质量协会和年度质量奖——总统质量奖。总统质量奖大致采用了鲍德里奇国家质量奖（Baldrige Award）的评定标准。美国国防部多次获得总统质量奖，也是早期许多成功案例的主角。国防部对质量的看法和其承包商的看法差不多，都将质量视为有价值的管理体系和应当得到大力推广的一套量化工具及技术。80 年代末，国防部投入大量的资源和专家为各个部门提供管理指导、自我评估方法和培训，试图走上质量管理的道路（Hyde，1997）。同样是在 80 年代，国防部开始派人参加戴明的研讨会，并将著名的"戴明四日研讨会"请进了五角大楼。1983—1990 年，Pacer Share 公务员试点项目在麦克莱伦（McClellan）空军基地开展。据项目负责人德尔·纳尔逊（Del Nelson）所说，戴明的研讨会及其会后向项目领导人提出的建议对于该项目的建立起到了关键作用。该项目又作为一系列影响的一部分，最终成为副总统戈尔实施联邦政府改革的开端（Nelson and Gilbert，1991）。

20 世纪 80 年代末和 90 年代初，质量管理开始流行。同时期的质量管理举措在私人电信公司中付诸实施，这一偶然现象刺激了公共领域相关部门进行标杆分析，并试图推广其中的最佳做法。美国审计局针对政府质量管理进行的研究表明，截至 1992 年，质量管理基本进入了大部分的联邦政府部门，但是工作人员的直接参与比例还是很小，仅有 17％的员工直接参与了质量管理的活动（Hyde，1997）。比尔·克林顿在 1992 年的总统大选中胜出，当选为美国总统。克林顿担任阿肯色州州长期间就实施了一系列质量管理的举措。当罗伯特·赖克（Robert Reich）和唐娜·沙拉拉（Donna Shalala）等人成为克林顿的内阁成员时，人们对联邦政府的质量管理计划更是充满期待（Jacques，1993a，1993b）。不久之后，副总统戈尔被责成组织实施政府重塑计划。由此看来，质量管理的发展势头如火如荼。

⟳ 成为改革推动者

1992 年 12 月，正当白宫通信局在为新总统上台做准备的时候，从老布什政府执政的最后阶段即开始的一项招聘工作逐渐进入尾声。通信局从 125 名候选人中精挑细选出一名负责组建流程改进办公室的最佳人选。圣诞前夜，苏亚雷斯收到了通信局的聘用函。仅从苏亚雷斯的履历表上看，通信局选择他似乎是阴差阳错——这可是一个军事单位。通信局有 800 名员工，仅有 4 个平民职员，苏亚雷斯就是其中的一个。他是哲学博士，但在通信局这样的部门，博士学位通常被视为"迂腐学究"（有意思却毫不相关）。苏亚雷斯毫无电信方面的经验，而白宫通信局几乎人人都是通信专家，说的都是高科技语，过去是这样，现在依然如此。如果认为改革推动者应该提供一个局外人的视角，苏亚雷斯倒是有这样的本领。

事实上，苏亚雷斯确实是位合适人选。他与军事界有过广泛的接触，特别是海军部。他的本科和研究生学位以及工业组织心理学博士学位都是在美国波多黎各大学获得的。1984 年和 1985 年暑假，苏亚雷斯还在念研究生的时候有机会来到加州圣迭戈与海军人事研发中心（Navy Personnel Research and Development Center，NPRDC）的研究人员一起工作。当时他受命阅读戴明的《质量、生产力和竞争地位》（Quality，Productivity，and Competitive Position，1982b），这是他第一次接触质量管理。据苏亚雷斯的回忆，这本书和戴明的其他著作对他知识发展的影响是巨大的，同时又是令他困惑的。"戴明的主张与我在工业组织心理学课上学到的完全相悖。举个例子吧，戴明有句经典的话：'丢掉绩效评估！'而我当时却正在学习怎样设计绩效评估。"

1987 年，苏亚雷斯作为人事研究心理学家成为该中心的全职员工，同时担任海军部和国防部的讲师和顾问。其间，苏亚雷斯为海军的质量改进举措——全面质量领导（Total Quality Leadership，TQL）进行开发教育策略和培训计划的相关研究。1991 年，他作为技术顾问、研究员和讲师进入海军 TQL 处副部长办公室，负责培训海军TQL 专家并担任海军"高级领导人系列研讨会"的讲师。1992 年，苏亚雷斯在向海军 TQL 处递交的一份报告中对当时最具影响力的三位质量管理大师——克劳斯比（Grosby）、戴明和朱兰（Juran）——的理论进行了深入的比较分析。这份标题为《质量管理的三位专家》（Three Experts on Quality Management）的报告对三位大师的理论的共性和差别进行了准确而细致的分析。为了掌握第一手资料，他还参加了克劳斯比质量学院、朱兰研究会的讨论会和"戴明四日研讨会"。

在研究戴明的过程中，戴明的语录——在工作场所"排除恐惧"——激起了苏亚雷斯的兴趣。苏亚雷斯明白，从心理学角度来看，对所有事物都无所畏惧很可能是一种病症，就和不受任何压力影响差不多。为了解工作中存在的恐惧及其对绩效的影响，苏亚雷斯开始从心理学角度——包括社会心理学、临床心理学和工业组织心理学——来研究恐惧的种类和影响并写成了一本书——《管理工作中的恐惧》（Managing Fear in the Workplace，1993）。这是一本海军免费刊物，为处理工作中的恐惧提供了指导，这本书也为 1996 年的三集电视系列节目奠定了基础。苏亚雷斯认为，恐惧不能消除，但必须得到了解和处理，还必须对恐惧进行管理和疏导。他还讨论了恐惧的几种类型及其相关的行为，如害怕失败，害怕报复，害怕受到不好的评价，害怕改变，害怕成功，害怕数学，害怕大声说话，害怕……

苏亚雷斯的研究也许会对白宫通信局有用。在他进入通信局的第一天，一名老员工就预言："你离开白宫的时候，你将是个有着辉煌经历的小伙子。你待在白宫的时候，如果能正确地做正确的事，你会大有前途。但是，你待在这儿就会知道什么是如履薄冰，什么是恐惧和痛苦。"

↻ 理解文化

苏亚雷斯刚进入的这个环境有着难以预料和充满压力的组织文化。他有时认为白宫就好比一座钟,"有个密闭的内部结构,每一步和每个互动都那么精准,这一切又影响着我们所有人……这是一个不朽与平凡共存的地方"。是的,他会在日后领教到这里没有"平时"可言,每一天都不可预测,充满变数。但是,这里同时也是组织安排极其严密的地方,每件事情都会有一个计划和应急计划。正如苏亚雷斯所说,这里是个"不折不扣的军事化组织"。

苏亚雷斯被指定作为改革推动者并开始熟悉整个组织,但是他的"局外人"资格使他难以接近组织内的其他人,因而很难建立起相互信任的关系。有共同之处的人比较容易亲近,这是很典型的。苏亚雷斯解释说:"比如说你是陆军,我也是陆军,我们就会走得比较近。或者说我是海军,你也是海军;你是通信兵,我也是通信兵;我有工程硕士学位,你也有工程硕士学位。不过那些我都不是,我就得主动联合别人,必须把大家带到一块。我还必须信任大家,而别人却不一定相信我。所以说是举步维艰。"起初,苏亚雷斯风趣随和的性格与这里紧张刻板的气氛格格不入。此外,还有一些安全问题,毕竟这里是白宫。苏亚雷斯回忆道:"我开始的时候很多疑。他们跟我说了很多事——如果这样做会发生什么,那样做又会怎样。我有种感觉,他们似乎都在监视我,当然他们也确实在盯着我。从质量管理上看,不得不说这是个很大的阻碍。你需要找到一个突破口,还需要与人对话并让更多的人加入谈话。在工作中形成配合相当困难。"

苏亚雷斯先从观察别人和与别人谈话入手,特别是那些在白宫通信局已经待了超过 10 年的老员工,之后进行了一个正式的风气调查,不过在此之前他已经和很多老员工一起吃午餐了，并且聊了许多，他们似乎都很赞同苏亚雷斯。为了解这个组织，苏亚雷斯必须随总统出行，这样他才能和别人一样感受到压力。"头 18 个月，我很有可能都得用来学习和了解通信局，每当我认为自己就要了解这个组织的时候，新情况又来了。第一次随总统出行，第一次这个，第一次那个——在这待上两三年也不会有哪一天属于例行工作。所以，我花了相当长的一段时间来了解这里的工作环境。大约在一个月之内，我完全不知道该在备忘录上记下哪些是必须发生的。"

"现在回想起来，我一开始就想制造一些影响，这是我犯的第一个错误。我过早地尝试着撼动一棵大树，而在没彻底弄清他们为什么以那种方式做事之前，我是不应该去触动他们的。我当时非常地积极主动。人们来到这里是要让它继续生存下去，而不是让它变得更好；可我来这儿的目的就是想让它变得更好，这是个很大的挑战。"

苏亚雷斯在备忘录上记了一大堆笔记，这个新雇员也明白了，让一个哲学博士平民告诉白宫通信局该怎么做事，现在还不是时候。今天，他当初建议的许多方案都得到了实施，但是早在 1993 年，通信局还对这些改革毫无准备。苏亚雷斯记得，当时的指挥官托马斯·霍斯（Thomas Hawes）空军上校看完他的备忘录之后，"眼里闪现着怪异的神情"。苏亚雷斯回忆道："我问他，'长官，怎么了？'他说，'你从哪儿得到这些信息？'我回答说，'我自己观察到的。'他又说，'你来了还不到一个月就这么清楚这里存在什么问题！'正因为我是个局外人，所以我能从全局看到改进的空间。他们身在其中，太习以为常了，这样的环境已变成了他们的工作生活方式。然后，我跳出来说这种方式不够好，他们当然会排斥，他们一针见血地告诉我，'就算不够好，这也是我们的方式，你想成为我们的一员就得学会适应这种方式。'"

他最终会理解的。老员工曾说过，随总统出行是通信局精神状态的关键，所以苏亚雷斯在路上进行了自己的表演。他有多次出差的经历，也做过通信工作，并切身体会到丝毫不能出错的感觉。这和他当时的另一项工作——教授双赢概念，完全不一样。他在西班牙得到了警示。有一天在马德里出了岔子，压力一下子就来了，苏亚雷斯在所有人面前发生了转变。他捶着桌子，把什么叫双赢都抛到九霄云外。"我几乎是在咆哮，'事情就该这样做！我们就得这样！没时间啦……'每个人都大笑起来，有人说，'你终于成了我们的一分子，你打破了自己的规则。'他们接纳了我，这是件好事，而这种神秘的沟通方式可不是什么好事。我心想，如果变得和其他人一样，我来这还有什么用！太可怕了！事情传开了，很快大家都知道了这件事，因为这太不像我了。我当时太过专制，过于情绪化。后来我反省了这件事，意识到再这样继续下去一定无法实现我来这里的目的。"

苏亚雷斯重新调整自己。今天他相信自己对于传统的政府机构具有了很强的判断能力，这种能力正发挥着积极有效的作用。他在备忘录中记述的故事以及他自己在西班牙的转变印证了贾姆希德的社会系统理论（1999，正在刊印）。

开放的（生命）系统不仅维系相互的共性，同时也捍卫各自的特性……文化代码在社会学的意义上如同生物学中的DNA，那些隐含的假设牢牢地扎根于我们集体记忆的内核之中。在任其自由组合的情况下，这些内在代码将变成复制现有秩序的组织原则。

事后看来，这些事情预示着，要想在白宫通信局获得组织改进的突破，需要的不仅仅是培训和流程改进。尽管苏亚雷斯渡过了这次文化冲击，但是通信局独特的文化特色仍然影响着改革的进展。

关键的环境影响因素

● **害怕出错**。通信局要求持续的、高水准的工作表现，追求完美的压力充斥着这里的氛围。白宫的很多决策都会影响到整个美国甚至整个世界，错误地处理一个电话或不合时宜地打开麦克风，都有可能引发国际事件。对于高度的安全任务，犯错的几率必须接近于零。人们总是竭力隐藏错误。

● **公众的监察和媒体的喧嚣**。新闻媒体在白宫的草坪上有个常驻营地，白宫的报告（特别是关于错误的报告）几分钟内就会见诸报端，甚至得到即时现场直播。媒体对白宫持续的大肆报道构成了改进工作的一大障碍。

● **缺乏民主程序**。白宫的运作是专制的，引入互动式团队合作与此原则相左。

● **军队协同作用**。白宫通信局的人员基本上都是现役军人，他们对各自军种的忠诚是第一位的，因而必须鼓励和培养他们对通信局的忠诚。

● **人员的流动性**。服兵役的平均年限是四年。白宫通信局有严格的规定，不能再次启用离开的人员。因此，通信局必须设法让工作人员获得有用的经验，使他们在离开本单位后仍然将这些经验派上用场。

● **自豪感**。通信局的人对"总统质量"这个词备感骄傲，因为他们工作的服务对象就是他们口中的"终极顾客，这个自由国度的领导人"。在通信局内部，"总统质量"意味着为总统领导国家提供尽可能最佳的产品和服务。

● **缺乏基本的激励机制**。与商业机构不同，白宫通信局的改进工作并非出于经济上的考虑。通信局服务的是总统，往大了说就是这个自由国度，因此它可以得到完成工作需要的一切资源。在效果和效率的较量中，前者总是赢家。通信局的全部费用来自国防部的拨款。对于改进工作而言，苏亚雷斯所谓的"为一切买单的第三方谬误"好坏参半。

● **接触顶尖人才**。通信局具有丰富的人力资源，可以调用各

行各业的顶尖人才，包括顶级的通信专家和管理顾问。

↻ 启动

　　白宫通信局推行改革的目标是把它从现在的专制组织变成一个民主的社会系统。通信局的组织文化既是很大的挑战又提供了很好的机会，其中一个主要的方面就是有机会与各个领域的世界级人物合作，包括质量管理和组织发展领域。在改革过程中，通信局先是探究了戴明的连续性改进方法，然后是艾科夫的组织设计方法，并邀请艾科夫的同事参与这个过程以及让他本人担任顾问和指导。

　　对整个组织进行重新设计，这一想法并不是由白宫通信局最先酝酿的。20 世纪 90 年代初期，通信局和许多联邦政府部门一样感受到需要优化流程的压力，在雇用苏亚雷斯之前就聘请了外部顾问来帮助他们启动流程改进工作，但通信局的特性限制了外部顾问发挥作用的空间。其间也曾有过一些改进，比如行政流程有了点改进，人事流程也有了点改进，但始终达不到系统的改进。流程管理学会（Process Management Institute）的一位顾问在 1992 年曾就流程改进与通信局合作过，苏亚雷斯在与他的谈话中了解到，出于安全方面的考虑，这位顾问无法触及通信局内重要的运作。苏亚雷斯进一步解释说："这里很多重要的流程都是很敏感或机密的，他几乎无法接触到那些会彻底改变我们设计思路的东西。可是要收到成效，就必须接触这样的东西，这就是需要一个内部人员而不是外部顾问来担任这项工作的原因所在。"

系统改革

除了增聘一名质量和流程改进的内部职员外，通信局还拥有其他资源，以确保将质量管理方法论和概念运用到它的核心事务流程之中，例如团队、授权、改进方案和即时培训等。而它还没得到的是它正在寻找的效果。

系统的改革必然会改变人们的行事方式，而改变人们的行事方式并不一定会引发系统的改革（Scholtes，1998）。

到了 1994 年，通信局进行的流程改进仍未收到期望的效果。每次通信局做了或尝试去做某项改进，结果都收效甚微。苏亚雷斯写道："流程都具有跨功能的性质，从学术的角度上这么说很简单，但在现实的改进工作中却很难看到延展的边界。每一次我们要有所改进的时候，情况似乎就变得更糟，因为又出现了一个更大的问题。现在我们必须让'那些人'参与进来，'你也知道他们的风格'。另外一件事是，新的问题层出不穷，可谓'摁下葫芦起来瓢'。问题牵着我们的鼻子，我们为之消耗了大量的人力和物力，简直变成了一场人海战术。布赖恩·乔伊纳（Brian Joiner）将这类情形比作'打鼹鼠'行为"（Joiner，1994）。

在国防部全面缩编的时期，通信局却在迅速扩编，仍然在不断招新。如此看来，仅靠实施流程改进计划是不够的。通信局传统的组织结构过于复杂，过于臃肿（见图 15—1）。技术在不断变革，而这里却还为视听、寻呼等事务设立单独的部门，实在是没有意义。通信局需要进行彻底的改革，彻底改变它的运作方式。苏亚雷斯开始跟通信局的领导们谈论社会系统理论和激进的重新设计。领导人都认为不可能：
"我们不可能打电话给总统说，'总统，您能待在城里吗？请不要出城，
我们要进行重新设计'。"苏亚雷斯则"仍然坚持向大家介绍系统思考，
慢慢地开始有人觉得我说得有道理，但是我们又该怎样做呢？我们需
要帮助"。

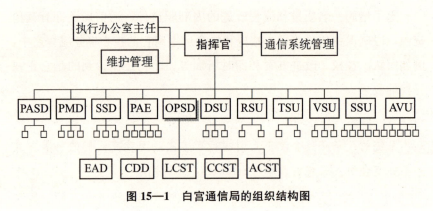

图 15—1　白宫通信局的组织结构图

重新设计组织结构

　　1994 年秋天，共和党入主国会。国会决定削减财政预算，白宫通
信局也感受到了改组的压力。通信局选择使用罗素·艾科夫博士的互
动式规划和优化设计的概念（Ackoff，1981，1994）来实施改组。重
新设计小组由苏亚雷斯博士及流程改进办公室辅导，艾科夫和约翰·
波德南德、贾姆希德等同事指导通信局并提供战略性建议，但是新结
构由通信局的内部人员来设计。据苏亚雷斯描述，"我们引导他们，让
他们意识到理想目标寻求系统比最理想的系统要好"。通信局用于指导
改革的理论主要关注以下原则的运用：

● 以综合的思维考虑组织结构

● 民主和参与

- 互动式规划
- 管委会的结构

艾科夫认为，互动式规划应从识别"谜团"开始，"谜团"是由互动问题构成的一个复杂系统，这些问题决定了组织在不作任何改变的情况下的前途。识别谜团包括系统分析、阻碍分析和参考投射。系统分析为当前组织的流程、结构、文化及其与组织环境的关系提供一个具体的画面；阻碍分析使妨碍组织发展的因素浮出水面；参考投射将产生可靠的对未来绩效的预测。图 15—2 是白宫通信局的相互关联图，描绘了通信局在开始互动式规划时"谜团"的某些侧面。

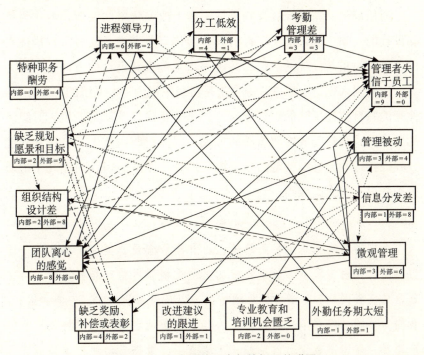

图 15—2 白宫通信局内部的相互关联图

重新设计小组通过大量的调查、与所有部门领导的会谈以及多次一对一的谈话来收集信息，识别谜团，并为重新设计工作打好基础。通信局的一份内部文件描述了它的重新设计方案，该方案体现了艾科夫的观点（WHCA，1999，iii）：

一个系统的优化设计就是符合其利益相关者当前意图的设计，其中只有两种限制条件：一是在技术上必须可行，不允许像科幻小说般天马行空；二是在运营上可行，即一旦付诸实施，这项设计不管是否经过修改，必须能够适应当前的环境。还有一项设计要求：它必须能够快速有效地学习和适应，从而做到随机应变。之所以称之为"优化"，是因为这是设计者当下所能想到的最优的理想目标寻求系统，他们同时也清楚他们和其他人将来会想到更好的设计（WHCA，1996）。

通信局的重新设计过程并未从根本上改变传统的宗旨，但作为重新设计的一项工作，描述宗旨的部分措词有所调整。改写宗旨描述有助于提高对重新设计的热情，并进一步明确重新设计的方向。这也为综合法的引入创造了条件，综合法是将组织视为一个系统的思维方式。原来的宗旨描述反映的组织思维方式是分析法。苏亚雷斯说，对组织的思维方式会转变成构建组织的方式，因而组织内产生了分区和功能分界线，这些分界线就是滋生恐惧的地方。原来的宗旨描述几乎把通信局变得有些支离破碎：

白宫通信局为总统、副总统、白宫高级官员、国家安全局、美国特勤局以及白宫军事办公室指示的其他人提供电信和相关支持。白宫通信局负责网络、语音和数据通信技术以及设备的运作、安装和维护。我们为美国总统在华盛顿和世界的各个到访地点提供的支持包括非保密语音、保密语音、通信录音、声像服务、数据自动处理支持、摄影和绘图服务。

通信局正在为之努力的系统方法要求运用综合法来描述宗旨。综合法会提出的问题是：我们隶属于谁？白宫通信局属于总统直辖的政府机构。总统直辖的政府机构又隶属于谁？总统直辖的政府机构是这个国家的一部分。在新的宗旨描述中两者都得到了强调：

白宫通信局的宗旨是提供主要的通信系统，以使总统及其幕僚有效地领导国家。

经过调整的宗旨描述为如何从系统的角度来看待这一组织提供了方向和重心（见图 15—3）。

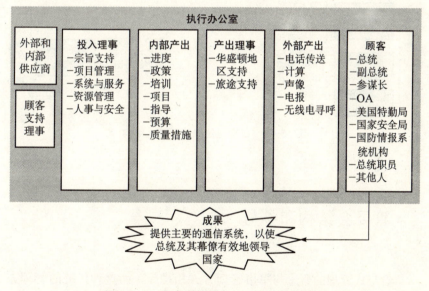

图 15—3　白宫通信局——一个扩展的系统

在重新设计的结构中（见图 15—4），通信局由指挥官和执行办公室来领导。组织内设有八个理事，这些理事被划分为投入部门（技能与职能）、产出部门（产品与服务）以及市场部门（顾客与用户）。投入部门负责宗旨支持服务，产出部门负责完成宗旨，市场部门负责顾客支持。通信局在材料中这样描述新结构："新的组织结构是将白宫通信局作为一个整体来进行综合与协调的基础。通信局正是通过这个结构来执行任务和达成宗旨。我们也正是通过我们的参与式管理来不断

地稳步提高整个系统。"（WHCA，1997）

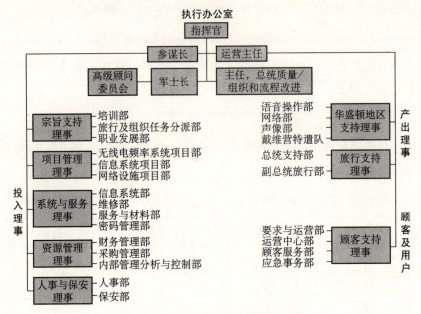

图 15—4　白宫通信局的互动式结构

管委会结构和参与

参与式管理的概念与军事管理方式相排斥，而这种传统的管理方式仍将是白宫通信局文化的一大特点。1997 年，通信局可以谈论自己的参与式管理，可见它自 1992 年以来取得了多大的进步。这些进步也有持续性质量改进措施方面的功劳，当然也与那些具有良好教育背景的熟练工作人员分不开，他们从事的是专业的高科技工作。根据系统理论判断，如果没有支持参与式管理的组织机制，通信局不会在这种根深蒂固的指挥与控制的文化中取得如此的进步。为了建立这样的机制，通信局结合了管委会结构，艾科夫在循环组织概念中阐述过管委会结构（Ackoff，1994）。

　　在循环组织中，每个处于权力位置的人都负责一个管委会。白宫通信局的每个主管都有一个管委会，其中包括他自己、他的直接上司和直接下属（见图 15—5）。管委会结构保证了主管人员与高两个级别的管理人员的互动，与自身的互动以及与低两个级别的人员的互动。管委会结构通过这种方式打通并加强了层级之间的沟通和支持。高层人员仍会制定决策，但每一级的人员都可以制定政策。据苏亚雷斯所说，通信局内较低级别的员工已经通过管委会来改变政策和程序了，包括通信局自 1942 年成立以来已司空见惯的做法。他相信，管委会结构能够确保高层人员听取低层人员的集体意见。

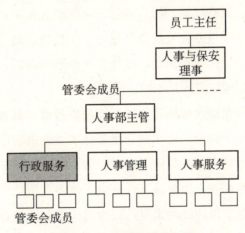

图 15—5　管委会的分支图

　　苏亚雷斯解释说，管委会"包括了你的直接下属、同级和上司，这促使了纵向与横向的融合。管委会可以做任何想做的事，只要不影响到管委会以外的人的工作便可。管委会还可以决定某个问题是否有必要向另一个层级提出"。开始的时候，人们以为扩大管委会意味着无限度地增加会议的次数，而实践证明，管委会式的结构减少了开会的次数，同时还减少了记录、电子邮件和错误传达的数量。苏亚雷斯说："管理互动需要团队技能，但只有团队技能是不够的。通信局正是通过管委会的形式来实现管理互动的。"

⟳ 结果

苏亚雷斯在 1998 年的一次访谈中谈到，重新设计的实施计划已经完成了 80％，但他很快又补充说，这项工作会一直持续下去，而且需要不断地适应和学习。他在 1992 年建立了组织和流程改进办公室，现在设有一个资源中心，此外还为通信局聘请了若干骨干技术顾问，负责为组织发展、战略规划、团队组建、流程改进和重新设计等项目提供指导性建议。改进办公室负责督导通信局战略规划过程，监督工作生活质量，协助标杆管理活动，设计并教授培训课程，以及从系统的角度将定性和定量工具应用于组织的评估。

苏亚雷斯只是很含糊地说到通信局的质量评估标准。他说，1994 年之前进行的一项调查采用了鲍德里奇标准，调查表明，白宫通信局在业绩这一项上处于相对弱势。到 1997 年中期，他们完成了白宫历史上的第一次顾客调查，为改进工作提供了许多有用的深刻见解。苏亚雷斯在这个问题上保持沉默大概是因为通信局的任务都属于机密，他直率地开玩笑说："你也不会想要我说得太多，我要是告诉了你，我就得灭你的口。"他不想就具体的质量评估标准多谈通信局的业绩，这也说明了他最近对业绩的价值衡量标准发生了观念的转变。局外人会猜测，这可能意味着一位学者的思维方式已经在实际应用的驱动下发生了实质性的转变。

谈及观念的转变，苏亚雷斯说，自己曾讲授过基本的统计工具和方法，还学过戴明的方法，也习惯于戴明的反复提问："他们是怎么知道的？"所以，当通信局完成了重新设计时，他开始向艾科夫提出疑问："我说，'我们现在有了多维设计，我需要展现某些地方的进步，这样我才能对每个人说——看！不赖吧！'艾科夫看着我说，'如果你真的需要衡量你取得了多少进步，这说明你还没有进步。'"

苏亚雷斯继续说："确实如此。进步应该是显而易见的，无须证明。人们会感觉良好，会谈论它。你可以从他们的互动中看到它。"今天，他说他在通信局的谈话中听到进步的声音，在人们的互动中看到进步的身影。如果现在有一件事需要处理，管委会结构会提供途径让大家明白处理这件事需要谁与谁的互动。他强调："这并不是说我们没看着仪表盘就在空中飞行，而是说并非每件有价值的事情都可以量化，或是数的出来。"他还简单地提到开会的次数减少了 40%，他们做了顾客调查和内部客户调查，并且正在开发其他衡量标准，但他强调说，至于管理过程，他们的衡量标准适用于巩固而不是推动。

↻ 其他改变

● **顾客支持**。在重新设计中设置了一个"顾客支持理事"，负责提供顾客与通信局人员的双向联络。这个职位的设置为积极主动地理解和满足顾客要求提供了一条集中化的途径。

● **人事评估**。通信局以管委会结构作为自上而下和自下而上的业绩评估机制。管委会中的下属成员每年开会讨论，以确定他们的直接上级能够做些什么来帮助他们提高工作绩效。他们将建议按优先顺序排列并提交给他们的上级，上级对于这些建议可以同意，也可以不同意但需给出理由，还可以考虑一段时间后再答复。上级对下属的评估也采取相同的程序，下属面对上级提出的建议也拥有三种相同的选择。客户的反馈意见也被纳入人事评估。（在新的结构中，员工有一个上级和多个客户。）

● **培训**。在原来的结构中，只要一个人擅长某项工作，他就只做这项工作。比如，有个人操作配电盘或讲词提示机很熟练，他的上司可能就把他固定在这个岗位上了。"一个上司多个客户"的结构改变了这种状况。现在，客户的反馈意见可以让通信局了解有哪些技术不足并促使它及时开展培训。在重新设计过程中，通信局也十分关注怎样给常年在外执行任务的人员进行培训的问题，解决的方案就是一套全新的指导设计，这套设计把学习的氛围带到他们所在的任何地方。苏亚雷斯说，对培训和发展的重视让白宫通信局变成了一个服兵役的好地方。

● **服务费**。向多个内部客户收取服务费是一项当前正在进行的改革，到目前为止仍然遭到很多反对。这项充满争议的改革是挑战"第三方买单谬论"的一次尝试。

● **迎新活动**。通信局为新成员安排了迎新活动，向他们介绍信息系统以及通信局的互动模式和参与式管理模式。同时，迎新活动也搭起桥梁，帮助新成员建立对通信局的忠诚，将他们对各自兵种的忠诚延展开来。

管理恐惧

现在进入通信局的新成员并不知道自己进入的是一个经过重新设计的组织，他们在迎新阶段见到的结构仅仅是通信局现在的工作方式。但是，重新设计的组织在最初的时候会让人感觉自己与原来所在的部门没有多大联系，渐渐地，对部门的忠诚转变为对通信局这个整体的忠诚。如苏亚雷斯所说，这是新设计带来的一个很大的好处。"在新结构中，问题不再独立存在。如果针对总统的灯光打错了，这不再仅仅是声像部的问题。"这种责任共担的态度有助于通信局控制因为害怕犯错而引起的负面影响，尽管对犯错的恐惧仍然弥漫在整个通信局。通信局和以前一样几乎不允许犯错，但进行的一系列改革让人们敢于承认错误并得到原谅。

苏亚雷斯认为，恐惧是不可能完全消除的，赶走了一种恐惧，另一个又接着冒出来，就像院子里的野草永远不可能拔干净。比如说，一个人负责讲词提示机的操作，他对这项工作驾轻就熟，工作起来能够得心应手，但是如果把他安排到其他岗位，他就会发现对犯错的恐惧又回来了。在白宫这样的背景下，美国人可能认为在里面工作的人还是对犯错有些恐惧为好。问题也正出在太害怕犯错，追求完美的压力太大了，相应地掩盖错误的压力也一样大。为了控制恐惧引起的负面影响，通信局把重点放在信任的建立上——对能力的信任以及相信错误不会被用于嘲笑或伤害别人。

苏亚雷斯说，领导建立信任的第一步就是为员工提供所需的技术、培训和教育，然后把他们安排到相应的工作岗位上学以致用。对个人发展的不断投资使员工建立了自信，同时也显示了领导的信任。下一步就是创造一个有利于承认错误的安全环境。为此，通信局允许犯错的人改正错误，还允许与其他人员分享从错误中所学到的东西而不提是谁犯的错，这样一来，坏消息传播的方向就扭转过来了。

在白宫试图掩盖错误是徒劳的。苏亚雷斯说：“我们迟早是会知道的。如果他们自己不告诉我们，双方就存在着不信任。”如果有人尝试掩盖一个错误，谣言心理就占了上风。比如说，在总统的行程中出了点岔子让总统很不高兴，总统把这件事告诉了白宫参谋长，参谋长告诉了白宫执行办公室主任，执行办公室主任又告诉通信局里的某个人。通信局会对此进行追查，这时候那个犯了错的士兵就要倒大霉了。坏消息传递的方向是从上到下的——从总统一直传到那个士兵那里。

白宫通信局的现任指挥官——陆军准将约瑟夫·西蒙斯（Joseph J. Simmons IV）坚持要改变这样的状况。他希望，在为主要顾客服务时出了错他是第一个得到消息的人，他让整个通信局都记住这一点。同时他还让每个人都知道，只要一有故障发生，在场的人必须主动报告情况并立即采取行动。这就让信息从下至上传播，所以当总统抱怨

"这件事情让我不满意"的时候，参谋长就可以说："长官，我们已经意识到了这件事，并采取了相应的措施。"于是，坏消息传播的顺序就得到了逆转。

领导者的角色

在宣布执行重新设计的一份办公室之间传阅的备忘录中，西蒙斯是这样描述自己的角色的："致力于创造一个有利于合作和团队协作以及充满欢乐和自豪感的工作环境。"（WHCA，1996）显然这并不是空谈。苏亚雷斯说，通信局的前任长官也很支持重新设计工作，但西蒙斯不仅仅是支持，他推动了改革的进程。

是的，西蒙斯说到做到了。他说了一些苏亚雷斯在刚进入通信局时没有听过的话。例如，西蒙斯谈到了积极主动的重要性以及"管理互动与管理行动"，更重要的是，"西蒙斯进行了部署，将团结、信任、诚实和对权威说实话作为共同提倡的价值观。他会教训你要对权威说实话，你也会看到他真的会在白宫施压的时候保护大家，这让大家很受鼓舞。在过去，我们只会忙着掩盖错误然后相互指责。现在不一样了，如果声像部倒了，我们大家就都倒了；如果有人受到了很高的评价，我们都为之欢呼"。

保持成果

白宫通信局完成了整个组织的重新设计后仍进行持续的流程改进活动，特别是关于使最新流程标准化的活动。这样的消息并不令人惊讶。30 多年前，约瑟夫·朱兰博士就曾写道，所有的人类活动中都隐藏着一个"不变的序列"，在取得业绩突破或文化模式突破的过程中以及取得突破之后，最后一步必然是控制。"所有管理活动都旨在突破或是控制。管理人员只忙碌于这两种活动，一个管理人员同时进行这两种活动也没什么不协调"（Juran，1964）。所以，白宫通信局继续改进它的流程并实现了更大的突破。一项内部的标杆管理研究表明，因为有一种向心力把每个人都聚拢起来，所以人们喜欢身在旅途的感觉。如何让大家在总部的时候仍然保持这种协作和向心力，是需要发现的一个目标。而另一个更大的挑战是保持通信局已经取得的成果，如果可能的话，再把这些举措扩展到通信局的上级系统——白宫军事办公室。

一段时间以来，一个很大的问题就是西蒙斯走了会怎样。据苏亚雷斯所说，只有两个军事组织进行过类似的重新规划，一个是德国军事基地，另一个是位于彭萨科拉（Pensacola）的海军基地，但两个组织都在一号人物离开后陷入了混乱。其他的一些改革都跟不上通信局的步伐。西蒙斯在 11 月份的时候调职了，但没有完全离开，他被委任为总统副助理兼白宫军事办公室主任。他还将挑选自己在通信局的接班人并继续影响通信局的发展方向。（截至目前，新的通信局指挥官还未任命。）

白宫通信局已经完成了根本的系统改革——至少看起来如此——苏亚雷斯对未来感到乐观。"管委会结构让大家都有了发言权，我们把民主给了大家。这对于一个军事机构来说是个重大的转变。开始的时候大家都很多疑，因为他们失去了自己的权力。现在他们知道没人可以走后门了，没人会跑到指挥官跟前说情或是让他通过某项政策了。"如果有人希望发生某些改变，他必须向相应的管委会陈述他的想法。政策的改变必须实际上而非原则上获得一致认可，它必须有益于共同的利益。这样就减少了"帮派之争"。他还说，管委会式的结构让大家都把焦点放在了通信局的全局利益上，而不再拘泥于单一部门的局部

利益。

"大家看到自己的想法得到了实施,尝到了民主的甜头。"苏亚雷斯相信这将为通信局的改革增添活力。"还有一个方面就是对新成员有效的指导。他们进入通信局时要经历两周的迎新活动,其间要对他们进行管委会培训和柯维(Covey)的'七个习惯'的培训(Covey,1989)。所以这也会有所帮助。"他犹豫了一下说:"改革是否会持续下去?我不知道。艾科夫说过,即便失败了,也会学到很多宝贵的教训,我想每个读到我们经历的人都会看到其中的潜力有多大。如果改革中断了,也许以后的白宫通信局局长会看到我们的经历,说不定又让改革复活了呢。也有可能看不到,可能它永远这么走下去也说不定呢。"至少从目前来看,这项工作还在进行着。

⟳ 进一步研究

今后几年白宫通信局会发生哪些事情?这里的平均任期是四年,倒是个检验理论的好地方,譬如关于改变系统的影响与改变系统的人的影响的对比,特别是领导层的改变产生的影响。白宫通信局先是通过戴明的方法进行持续性质量改进,之后将重点转向通过艾科夫的方法进行整个组织的重新设计,如果将通信局的经历与其他拥有相似经历的组织作比较会是一件有趣的事。它们会有什么共同之处?它们是否都支持这样一种论点,即参与式管理中存在着自然进程?经过相同路径的商业组织为什么会产生不一样的效果?

对苏亚雷斯而言,白宫通信局的重新设计仍然面临着如何进一步改进的种种难题。他和通信局提出的问题表明,在一些领域,研究数据对于致力于组织改进的实践者来说是有用的。

组织设计

组织拥有怎样的条件和特性才能鼓励人们记录和分享观点？

哪些因素会影响组织的设计？哪些因素能够调动全体员工记录和分享观点？哪些属于正面的影响？哪些又属于负面的影响？

刺激相关数据、信息和知识在组织内的相互流动需要什么条件和设施？

组织设计中的哪些元素有利于在组织内建立一个学习型社区？

评估一个组织的集体智慧的标准和方法是什么？

哪些指标可以预示一个组织无力加强稳定性和灵活性？

哪些措施有助于铲除影响组织稳定性和灵活性的系统障碍？

怎样的组织设计结构可以促进稳定性和灵活性？

组织心理

哪些精心策划的活动或结构有利于建立起组织内部人与人之间的信任以及组织内部的人与组织之间的信任？

不同等级的信任具有什么特点和行为？

不同等级的信任如何对团队达成共识的能力产生影响？

对变革的抵制是个性使然，抑或是取决于变革是强加的还是自愿的？抗拒变革是人类的天性吗？

哪些精心策划的活动或结构能够促使组织扭转、缓和以及化解对变革的抵制，从而对互动实现有效的管理？

说明

本文是经过白宫通信局的审查同意后向公众发表的。除非另有标

注，苏亚雷斯博士关于白宫通信局改革的观察资料均摘自他于 1997 年 5 月和 1998 年 6 月在威斯康星州麦迪逊举行的亨特大会（Hunter Conference）上的发言以及本书作者于 1998 年 10 月对他进行的个人采访。

⟳ 参考文献

Ackoff，R. L. 1981. *Creating the Corporate Future*，New York：Wiley.

——. 1994. *The Democratic Organization*. New York：Oxford University Press.

Covey，Stephen R. 1989. *The Seven Habits of Highly Effective People*. New York：Simon & Schuster.

Deming，W. Edwards. 1982a. *Out of the Crisis*. Cambridge，MA：Massachusetts Institute of Technology，Center for Advanced Engineering Study.

Deming，W. Edwards. 1982b. *Quality*，*Productivity*，and *Competitive Position*. Cambridge，MA：Massachusetts Institute of Technology，Center for Advanced Engineering Study.

Gharajedaghi，Jamshid. 1999. *Systems Thinking：Managing Chaos and Complexity*. Woburn，MA：Butterworth-Heinemann Publishers.

Hyde，Al. 1997. A decade's worth of lessons in continuous improvement，*Government Executive* (July).

Jacques，March Laree. 1993a. "National Know-How," *The TQM Magazine* (May/July)：41 - 46.

——. 1993b. "Not Such a Sorry State," *The TQM Magazine*,

September/October: 27 – 31.

Joiner, Brian L. 1994. *Fourth Generation Management*. New York: McGraw-Hill.

Juran, Joseph M. 1964. *Managerial Breakthrough*, 2nd ed., 1995. New York: McGraw-Hill.

Nelson, Adel E. and G. Ronald Gilbert. 1991. *Beyond Participative Management: Toward Total Employee Empowerment for Quality*. Westport, Conn.: Quorum Books.

Scholtes, Peter R. 1998. *The Leader's Handbook*. New York: McGraw-Hill.

Suàrez, J. Gerald. 1992. *Three Experts on Quality Management: Philip B. Grosby, W. Edwards Deming, Joseph M. Juran*. Arlington, VA.: U. S. Department of the Navy, Total Quality Leadership Office, TQLO Publication No. 92 – 02.

——. 1993. *Managing Fear in the Workplace*. Arlington, VA.: U. S. Department of the Navy, Total Quality Leadership Office, Publication No. 93 – 01.

——. 1996. *Managing Fear, Better Management for a Changing World*, Vols. 5 – 7, Silver Spring, MD: CC-M Productions.

——. 1996. Creating the Future: an Idealized Redesign of the White House Communications Agency (WHCA). Washington, DC: White House Communications Agency.

——. 1997. The White House Communications Agency: Building for the 21st century. Washington, DC: White House Communications Agency.

The text of this chapter is a slightly edited version of the author's 1999 article, "Transformation and Redesign at the White House Communications Agency," *Quarterly Management Review* (American So-

ciety for Quality) Vol. 6, Issue 3, and reprinted by kind permission of the author. The figures were cleared for use by Dr. Gerald Suàrez by the Department of Defense counsel and White House Security and are used here by kind permission of Dr. Suàrez.

注 释

第 4 章

[1] Ackoff，Russell L. 1999. *Re-Creating the Corpora-tion*：*A Design of Organizations for the 21ˢ Century*. New York：Oxford.

第 5 章

[1] Jacques，March Laree. 1999. Transformation and redesign at the White House communications agen-cy. *Quarterly Management Review* （American Society for Quality），Vol. Issue 3.

第 10 章

[1] Ozbekhan，Hasan. 1977. The future of Paris：a systems study in strategic urban planning. *Philosophical Transactions of the Royal Society of London*，A387：523 - 544.

第 11 章

[1] Himmelstein, David U. , Elizabeth Warren, Deborah Thorne, and Steffie J. Woolhandler. 2005, Illness and injury as contributors to Bankruptcy, *Health Affairs：The Policy Journal of the Health Sphere*, February 8, 2005. http：//ssrn. com/abstract=664565.

第 12 章

[1] Ortega y Gasset, Jose, 1956, *Mission of the University*. New York：W. W. Norton.

[2] O'Driscoll, Gerald P. , Jr. , Kim R. Holmes, and Mary Anastasia O'Grady. 2002. *2002 Index of Economic Freedom*. Washington, D. C. : Heritage Foundation.

第 14 章

[1] 自愿提供辅导和指导的团队除了本书的一位作者之外还包括 Susan Ciccantelli，Jason Magidson 以及 Don Wilson。

[2] 本书的一位作者是整个过程的"参与观察员"。

推荐书目

关于优化设计和系统思考，读者可进一步阅读以下书目：

Ackoff，Russell L. 1981. *Creating the Corporate Future*. New York：Wiley.

本书介绍了一种新型的高度参与式的规划方法——互动式规划。书中阐述了互动式规划的哲学基础和理论基础及其衍生的实践流程，这些流程综合了运筹、战术和战略规划，旨在探究规划和实现一个理想未来的方法。

——. 1999. *Re-Creating the Corporation：A Design of Organizations for the 21ˢᵗ Century*. New York：Oxford.

内容涵盖规划、组织民主、内部市场经济、多维结构和组织学习。

——. 1994. *The Democratic Corporation*. New York：Oxford University Press.

本书从机制到社会系统及其暗含的内部政治经济和组织结构等方面阐述了公司的新概念，并对商业教育进行了认知剖析。

——. 1994. *Ackoff's Best*. New York：John Wiley & Sons.

本书汇集了作者最富有争议的、最具有影响力的以及充满智慧的作品，旨在探究系统思考在管理和组织设计中的特性和含义。

——，and Fred E. Emery. 2006. *On Purposeful Systems*. New Brunswick，New Jersey：Transaction Publishers.

本书采用跨学科方法将个人和社会行为作为有意图的事件进行系统分析，并对概念的可操作性进行了定义，从而形成了一个概念系统。

——，and Sheldon Rovin. 2003. *Redesigning Society*. Stanford，California：Stanford University Press.

本书运用系统思考对政府、城市、交通、医疗、教育、福利、司法和领导权的结构和功能进行了重新设计。

——，and Johan P. Stumpfer. 2003. *Terrorism：A Systemic view. Systems Research and Behavioral Science*，20，287 - 294.

文章分析了导致恐怖主义的原因并探讨了应对恐怖主义的策略。

Barabba，Vince，Pourdehnad，John and Russell Ackoff，"On Misdirecting Management." *Strategy & Leadership*，2002，Emerald/MCB Journals.

文章论述了两种类型的顾问：大师型和教师型。大师高高在上，只顾推销自己专有的解决问题的技巧，却不能为客户提供学习的机会。他们鼓吹界定行为准则的格言，却不能提升经理人的能力。他们将自己的某个解决方案视为放之四海而皆准的真理，从不针对某个公司遇到的难题进行具体的分析。

Beer，Stafford. 1966. *Decision and Control*. London. Wiley.

风格幽默，通俗易懂，是阐释运筹学领域研究的经典之作。

Bertalanffy，Ludvig von. 1968. *General Systems Theory*. New York：Braziller.

该书是一部讨论应用于语言、心理学，特别是生物学等学科的系统思考的开创性作品，旨在探索系统——不管何种类型的系统——的特征及其遵循的规律。

Capra，Fritjof. 1982. *The Turning Point*. New York：Simon & Schuster.

全面展示了一个科学与心灵的范式。在这里，改变世界的所有力量都汇集到一起，积极地推动社会变革。

Checkland，Peter. 1981. *Systems Thinking*，*Systems Practice*. Chichester，England：John Wiley & Sons.

本书展现了系统思考的发展历程，并对硬思维和软思维加以区分。硬思维得出的是作者认为的归约主义工程模式，而软思维则更为哲学化，但结果也能解决现实世界中的问题。

Churchman C. West. 1968. *The Systems Approach*. New York：Delacourte Press.

这是一部有关系统思考基础理论的经典之作。

——. 1979. *The Systems Approach and Its Enemies*. New York：Basic Books.

作者认为，一些"非理性"却强有力的认识人类经验的方法被忽略，由此导致许多规划要么无果而终，要么不尽如人意，要么与目标毫不相干。本书提供了克服这些不足的方法。

——. 1971. *Design of Inquiring Systems*. New York：Basic Books.

该书深入讨论了系统方法的哲学基础，并以现代系统思考的角度和语言审视了历史上伟大的哲学体系。

Cragin，Kim，and Peter Chalk. 2003. *Terrorism & Development：Using Social and Economic Development to Inhibit a Resurgence of*

Terrorism. Santa Monica：Rand.

本书探究了以色列、菲律宾和英国为遏制恐怖主义抬头而制定的社会经济发展政策，意在为美国的决策者制定反恐政策提供启示。

Emery，Fred E.（ed）.1969，*Systems Thinking*：*Selected Readings*，*Volumes 1 and 2.* New York：Penguin.

本书属于历史性论文精选，内容涵盖系统的方法、模式和规划及其在个人与团体、沟通、等级体系、系统管理、生态系统、重新设计系统和理想寻求系统中的运用，并探索在这些不同领域中的应用的共通之处。

Gharajedaghi，Jamshid. 1999. *Systems Thinking*：*Managing Chaos and Complexity.* Boston：Butterworth-Heinemann.

本书讲述如何运用系统思考掌握化繁为简的艺术和管理相互的依赖关系，并运用所谓独特的"互动式规划"来理解选择。

Gharajedaghi，Jamshid，and Russell L. Ackoff. 1985. Toward systematic education of systems scientists. *Systems Research*，Vol. 2 No. 1：21 - 27.

本文揭示了大多数系统思考的教育方案实际上是以非系统化的方式设计的，并介绍了沃顿商学院实行的一种系统化导向的教育方案，此方案避免了已知的不足。

Goggin，William C. 1974. How the multidimensional structure works at Dow Corning. *Harvard Business Review*，52（January-February）：54 - 65.

常规的公司结构只有二维，即权力和责任，而文章描绘的非常规的公司结构至少有三维，这样的多维结构增强了组织的灵活性，有助于组织对重大的环境变化做出迅速的回应。

Halal，William E.，Ali Geranmayeh，and John Pourdehnad，

eds 1993. *Internal Markets*：*Bringing the Power of Free Enterprise Inside Your Organization*. New York：John Wiley & Sons.

本书阐述了如何运用"内部市场"模式对组织进行设计，从而创造一个具有企业精神的公司，并对重塑企业做出有效回应。书中还讲述了如何打破组织内部的官僚体系，以及如何通过引入市场体制和自由企业精神提高公司的运作效率。本书还通过对世通公司、数控公司、埃索石油公司和美国铝业公司的案例分析阐释了成功的管理方法。

Himmelstein, David U. , Elizabeth Warren, Deborah Thorne, and Steffie J. Woolhandler. 2005. Illness and injury as contributors to bankruptcy, *Health Affairs*：*The Policy Journal of the Health Sphere*, February 8, 2005. http://ssrn. com/abstract=664565.

文章报道了针对五位联邦法院的个人破产申请者进行的调查。调查显示，大约一半的申请者因医疗原因而提出破产申请，这表明美国大约有 185 万～222.7 万人（申请者加上家属）经历过医疗破产。即便是中产阶级，投保的家庭也时常在伤病时遭受巨大的经济损失。

Hirshman, A. O. , and C. E. Lindblom. 1969. "Economic Development, Research and Development, Policy Making：Some Converging Views. " In *Systems Thinking* (F. E. Emery, ed.), Hamondsworth, Middlesex, England：Penguin Books.

在管理彼此独立但相互关联的系统方面，核心的原则是追求"联合优化"。然而，有迹象表明，管理系统内各部件的相互关系及其性能需要遵循"主次有别"原则，即不惜牺牲其他部件来实现主要部件的优化。

Jackson, Michael. 2003. *Systems Thinking*：*Creative Holism for Managers*. Chichester, England：John Wiley & Sons.

这是一本很好的入门书籍，介绍了系统思考和将其概念化的主要方式以及这些方式的优缺点，并探讨了避免各种缺点的途径。

Jacques，March Laree. 1999. Transformation and redesign at the White House communications agency. *Quarterly Management Review* (American Society for Quality)，Vol. 6，Issue 3.

文章详细描述了优化设计在改进白宫通信局绩效过程中的应用。本书对该文章略加整理形成了第 15 章。

Kauffman，Jr.，Draper L. 1980. *Systems 1：An Introduction to Systems Thinking*. Minneapolis：Future Systems.

这是一本介绍系统思考的基础书籍，书中介绍了作者对组织一般模式的感受以及表现大多数动态系统特点的行为。书中加入了大量图解。

Kuhn，Thomas S. *The Structure of Scientific Revolutions*. Chicago：University of Chicago Press.

书中介绍了科学革命的缔造者、本质和必要性，同时还介绍了范式的优先权和持久性：危机和革命的爆发推动了科学理论世界观的转变。

Lazlo，Ervin. 1972. *The Systems View of the World*. New York：Braziller.

书中主张运用当代科学来理解世界。对于科学和世界而言，问题都在于如何阐明当代科学内在的自然哲学。尽管这是个难题，世界系统观的出现也不失为一次尝试。

O'Driscoll，Gerald P.，Jr.，Kim R. Holmes，and Mary Anastasia O'Grady. 2002. 2002 *Index of Economic Freedom*. Washington，D. C.：Heritage Foundation.

这是一份调查世界各国经济自由度的年度报告，报告说明了经济不自由的发展中国家是恐怖主义滋生的乐土，而自由经济是解决贫困和绝望的出路。

Ortega y Gasset, Jose, 1956. *Mission of the University*. New York: W. W. Norton.

Gasset 因反对佛朗哥政府被流放国外，1949 年返回西班牙。该书是 Gasset 在马德里大学的系列讲座，着重阐述大学在国家发展进程中应当扮演的角色，还特别说明了历史上重要的革命都是思想碰撞发展的结果，而大学也应当致力于激发思想的交流与碰撞。

Ozbekhan, Hasan. 1977. The future of Paris: a systems study in strategic urban planning. *Philosophical Transactions of the Royal Society of London*, A387: 523 - 544.

该报告由沃顿商学院完成，旨在为法国政府的一个规划项目提供咨询。报告阐述了如何重新规划巴黎及其重要性，并延伸至整个法国的区域规划，其中还描述了规划的程序及其包含的政治策略。

Rifkin, Jeremy. 2002. *The Age of Access*. New York: Tarcher/Putnam.

Rifkin 认为，对资源的绝对所有权通常被认为是满足人们需求和欲望的基本条件，然而这一点正在逐渐被获取资源的途径所取代。为掌握资源的使用权而非获取资源的所有权会使资源得到有效的利用，从而大量地节约资源。

Rovin, Sheldon, Neville Jeharajah, et al. 1994. *An Idealized Design of the U. S. Healthcare System*. Bala Cynwyd, Pennsylvania: Interact.

美国医疗体系各类参与者的代表组成一个协会，该协会为现行体系制定了优化设计方案。他们认为，现行体系致力于疾病和残疾的救治而非保健，因为其收入主要来源于前者而非后者。设计方案的核心思想是为保持健康者提供补贴。

Schön, Donald A. 1971. *Beyond the Stable State*. New York: Random House.

Schön 提出了一个如何在加速变化的世界中生活的可行建议，即瓦解整个社会的稳定性。现行制度倾向于维持事物的状态，但是破坏却不断发生。为了避免破坏，企业、政府和社会机构必须转变成"学习型机构"，只有这样才能保持灵活性以应对随时出现的新情况。

Senge，Peter. 1990. *The Fifth Discipline*. New York：Doubleday.

Senge 定义了五项修炼：系统思考、自我超越、改善心智模式、建立共同愿景和团体学习。他把系统思考排在第一位，却称其为"第五项修炼"，这是因为系统思考是隐匿于其他几项修炼中的概念基石。正如他所说，所有的修炼都关乎思想的转变——从局部视角转向整体把握，从把人视为无助的反应者转向将其视为塑造自身现实的积极参与者，从应对现状转向创造未来。

Snow，C. P. 1964. *The Two Cultures：and a Second Look*. New York：Mentor Books.

书中描述了人文与科学的分离，并提出警告说，西方社会将因之失去科学技术竞争中的优势。Snow 指出，科学、传统与艺术必须融合，除此别无选择。

Suárez，J. Gerald. 2002. 未出版的手稿。

作者的自传，其中详细记叙了他在白宫通信局推行优化设计的经历，并讨论了特定管理者对于规划成功的重要性。

Warwick，David R. 1992. The cash-free society. *The Futurist*，November-December：19 - 22.

文章讨论了运用新科技淘汰现金在交易中的使用的可能性，以及这种改变将会带来哪些社会、政治和经济影响。

图书在版编目（CIP）数据

优化设计：如何化解企业明日的危机/艾科夫等著；刘宝成译.
北京：中国人民大学出版社，2009
（沃顿商学院图书）
ISBN 978-7-300-10168-2

Ⅰ. 优…
Ⅱ. ①艾…②刘…
Ⅲ. 企业管理-研究
Ⅳ. F270

中国版本图书馆 CIP 数据核字（2008）第 205642 号

沃顿商学院图书
优化设计：如何化解企业明日的危机
罗素·L·艾科夫
贾森·马吉德松　　　著
赫伯特·J·艾迪生
刘宝成　译

出版发行	中国人民大学出版社	
社　　址	北京中关村大街 31 号	**邮政编码**　100080
电　　话	010 - 62511242（总编室）	010 - 62511398（质管部）
	010 - 82501766（邮购部）	010 - 62514148（门市部）
	010 - 62515195（发行公司）	010 - 62515275（盗版举报）
网　　址	http://www.crup.com.cn	
	http://www.ttrnet.com（人大教研网）	
经　　销	新华书店	
印　　刷	北京山润国际印务有限公司	
规　　格	165 mm×240 mm　16 开本	**版　　次**　2009 年 1 月第 1 版
印　　张	16.75 插页 1	**印　　次**　2009 年 1 月第 1 次印刷
字　　数	228 000	**定　　价**　36.50 元